HISTORIQUE

DU

144ᵉ RÉGIMENT

D'INFANTERIE

PARIS

CHARLES-LAVAUZELLE

Éditeur militaire

anton, Boulevard Saint-Germain, 118

(MÊME MAISON A LIMOGES)

HISTORIQUE

DU

144ᵉ RÉGIMENT

D'INFANTERIE

PETITE BIBLIOTHÈQUE DE L'ARMÉE FRANÇAISE

HISTORIQUE

DU

144ᵉ RÉGIMENT

D'INFANTERIE

PARIS

HENRI CHARLES-LAVAUZELLE

Éditeur militaire

10, Rue Danton, Boulevard Saint-Germain, 118

(MÊME MAISON A LIMOGES)

HISTORIQUE

DU

144ᵉ RÉGIMENT D'INFANTERIE

L'origine de l'infanterie française remonte à **Charles VII**, qui créa, par ordonnance royale du 28 avril 1448, 16.000 **francs-archers** à pied, fournis et entretenus par les paroisses, divisés d'abord en quatre compagnies de 4.000 hommes chacune, et, plus tard, en trente-deux corps de 500 hommes.

Ces premières milices nationales, un moment supprimées, furent reconstituées par **François I**ᵉʳ et **Henri II** pour former des **Légions provinciales**, qui, en 1567, sous **Charles IX,** reçurent le nom de **Régiments**. Mais, en réalité, ce fut seulement cent ans plus tard, au temps de **Louis XIV**, que les **Régiments**, avec l'uniforme, le pas cadencé, la pratique de la discipline, prirent la physionomie de corps réguliers et furent définitivement organisés comme tels.

Depuis la création des **Régiments**, le

nombre en a fréquemment varié : norma-
lement, ce nombre était restreint. Lorsqu'une guerre paraissait imminente, on
renforçait l'armée par des formations
nouvelles ; et, la guerre terminée, ces formations étaient supprimées.

Il en résulte que la chaîne des traditions
du 144ᵉ — et il en est ainsi pour tous les
corps dont le numéro est un peu élevé, —
présente de nombreuses lacunes.

En outre, le **144ᵉ** n'ayant existé qu'aux
époques les plus critiques de notre histoire, ses faits d'armes n'ont été que bien
rarement enregistrés avec soin.

L'époque où se fait l'histoire n'est pas
celle où l'on peut l'écrire.

Cependant quelques-uns de ces faits
d'armes ont pu être recueillis, et ils sont
assez glorieux pour que les officiers et
soldats du régiment actuel y trouvent
un précieux élément d'**éducation morale**, des **traditions** d'honneur, de vaillance et de dévouement qui leur donnent
le droit d'être fiers de leurs aînés et de
leur nᵒ **144**, et qui développent puissam-
ment en eux, avec l'**esprit de corps**, le
culte du Drapeau et de tout ce qu'il
symbolise !

Colonel F. Quévillon.

RÉGIMENTS DE L'ANCIENNE MONARCHIE FRANÇAISE

Sous l'ancienne monarchie, les régiments étaient désignés par des noms spéciaux, généralement celui de leur colonel; mais leur place de bataille était déterminée par un numéro d'ordre dont les chefs de corps ne manquaient pas de se réclamer quand il s'agissait de marcher au combat.

Il est donc juste de comprendre, dans l'*Historique du 144e d'infanterie*, les différents Régiments auxquels le numéro 144 se trouva successivement dévolu dans l'ordre de bataille.

RÉGIMENT DU FOUILLOUX
1572-1573

Le premier Régiment qui ait porté le numéro **144** fut levé en Saintonge, sous le règne de Charles IX, par le sieur **du Fouilloux**, pour concourir au siège de la **Rochelle** contre les protestants qui s'étaient révoltés.

Le siège, commencé en janvier 1573 par le maréchal **de Biron**, bientôt remplacé dans son commandement par le duc **d'Anjou**, frère du roi, plus tard Henri III, dura près de six mois, et fut conduit de part et d'autre avec une rage incroyable : neuf grands assauts et plus de vingt attaques furent tentés pour essayer de réduire la place. Chaque fois, les assiégés qu'exaltait l'entraînant exemple de leur chef, **François de la Noue,** surnommé **Bras de fer,** l'un des plus vaillants guerriers de l'époque, réparaient les brèches, ou les masquaient par des retranchements intérieurs, rendant ainsi tous les efforts inutiles.

Cependant les défenseurs finirent par céder. Le duc d'Anjou leur ayant accordé des conditions honorables, la ville ouvrit ses portes, et les troupes royales y firent leur entrée le 27 juin 1573.

Pendant toute la durée du siège, les deux bataillons dont se composait le **Régiment du Fouilloux** prirent une part active à ces luttes terribles, où tant de braves gens trouvèrent une mort glorieuse, notamment le duc d'Aumale, un autre frère du roi.

Ils furent licenciés le 24 juin 1573, à la signature du traité qui devait mettre fin à la résistance des Rochelais.

Au cours de ce siège, les blessés du régiment du Fouilloux reçurent les soins du célèbre chirurgien **Ambroise Paré,** médecin du duc d'Anjou; c'est là que ce savant découvrit la ligature des artères substituée à la cautérisation au fer rouge après l'amputation des membres ; il avait coutume de dire modestement, en parlant des blessés qu'il arrachait à la mort : « Je le soignai, Dieu le garit. »

GUERRE DE LA SUCCESSION D'ESPAGNE
1701-1713

Louis XIV ayant accepté la couronne d'Espagne pour le duc d'Anjou, l'un de ses petits-fils, une coalition de presque toute l'Europe se forma contre la France, ne lui laissant pour alliés, outre l'Espagne, que le duc de Savoie, l'électeur de Bavière et celui de Cologne.

En 1702, afin de pouvoir faire face à cette coalition, qui allait nous obliger à combattre à la fois en Italie (où déjà depuis un an la guerre était commencée), en Allemagne et aux Pays-Bas, et qui devait mettre nos soldats aux prises avec les deux meilleurs généraux de l'Europe, l'anglais Marlborough et le prince Eugène de Savoie, le roi décréta la création de cent nouveaux régiments d'infanterie à un bataillon.

C'est ainsi que prirent naissance les **régiments de Villemort de Montbois-sier** (plus tard, de **Longuerue**) et d'**Hugues**, qui devaient porter successivement le numéro 144 dans l'ordre de bataille.

RÉGIMENT DE VILLEMORT

1702-1705

Formé en 1702, à l'effectif de 1.000 hommes environ, le **régiment de Villemort** fut affecté à l'armée des **Pays-Bas** qu'allait venir commander le maréchal de **Villeroi**.

Depuis un an, cette armée, qu'appuyaient en Flandre les troupes du maréchal de **Boufflers**, avait envahi les **Pays-Bas Espagnols** et remplacé, dans les différentes villes de la région, les garnisons jusque-là fournies par la Hollande.

1702. — Dès le mois d'avril 1702, plus de 100.000 Anglais, Allemands et Hollandais, que **Marlborough** avait concentrés sur le bas Rhin, se mirent en mouvement pour nous reprendre ces places, et, malgré un grave échec qui leur fut infligé à **Nimègue**, le 11 juin, par le maréchal de **Boufflers**, ils purent, grâce à leur immense supériorité numérique, réoccuper la plupart d'entre elles, au moins les plus avancées. **Liège** même, sur la Meuse, tomba en leur pouvoir au mois d'octobre et, pour couvrir le **Brabant**, directement menacé, nos deux maréchaux durent venir occuper, derrière le Demer et la **Méhaigne**, les **lignes de Wasseiges**, avec le gros de leurs forces, ne laissant dans les autres villes de la Belgique que les garnisons indispensables.

1703. — Le **Régiment de Villemort** fut au nombre de ces garnisons, et, pendant tout le cours de l'année 1703, il demeura dans la place de **Lierre**, non loin d'Anvers, sans prendre aucune part aux opérations actives de la campagne. Ces opérations, d'ailleurs, furent malheureuses pour nos armes, et, malgré la victoire remportée, le 30 juin, par Boufflers sur un corps hollandais qui menaçait Anvers, défendu par nos alliés les Espagnols du général Bedmar, la Gueldre, le Limbourg, la Meuse jusque près de Namur, et tout l'Electorat de Cologne tombèrent aux mains de l'ennemi en 1703.

1704. — L'année suivante, le **Régiment de Villemort** fut rappelé de Lierre et envoyé successivement à Jodoigne, à Tirlemont et à Louvain, dans les **lignes de Wasseiges**, dont la défense, à partir du mois de mai, fut confiée au général **Bedmar**, qui avait pour major-général le chevalier **d'Artagnan**, un nom que la légende des Trois Mousquetaires a rendu à jamais célèbre.

Marlborough, suivi un moment par Villeroi et 30.000 hommes, s'étant porté de la Meuse sur le Danube, où, de concert avec le prince Eugène, il allait, le 13 août, battre à Hochstedt, deux de nos maréchaux, Tallard et Marsin, **Bedmar** eut comme adversaires, d'abord le **comte de Spaar**, puis **Owerkerke**, qui commandaient une armée de 25.000 Hollandais, rassemblés aux environs de Maëstricht.

A diverses reprises, cette armée tenta de forcer nos lignes, mais sans succès, et, jusqu'à l'hiver, on fit une guerre de postes et d'escarmouches, guerre sans éclat ni profit pour nos armes, mais au cours de laquelle le **Régiment de Villemort** fit preuve constamment de valeur et d'entrain. En juillet, notamment, l'ennemi ayant profité de ce que Bedmar concentrait le gros de ses forces en avant de Namur, pour faire une attaque en masse contre le centre de nos positions, momentanément dégarni, le régiment accourut avec quatre autres bataillons et 2.000 cavaliers, et, à la voix de d'**Artagnan**, se jeta sur le village d'**Heilissem**, où les Hollandais avaient déjà pénétré. Il s'en empara, et, par ce vigoureux retour offensif, obligea l'adversaire à la retraite.

1705. — Pendant l'hiver de 1704 à

1705, la suppression d'un régiment vint modifier les rangs dans l'ordre de bataille de l'armée française, et le numéro 144 cessa d'appartenir au Régiment de Villemort, pour être dévolu à celui de Montboissier.

RÉGIMENT DE MONTBOISSIER

(1705-1713).

De même origine que Villemort, le **Régiment de Montboissier**, avait d'abord appartenu à l'armée du Danube que commandait Marsin. Ramené sur le Rhin après la défaite d'Hochstedt, qui nous avait coûté la perte totale de la Bavière, il se trouvait en Alsace lorsqu'il prit le numéro **144** au commencement de l'année 1705.

1705 — La France était alors menacée d'une invasion : **Marlborough**, campé à Trèves avec 80.000 hommes, se préparait à pénétrer en Lorraine par la Moselle, pendant que le **prince de Bade**, déjà maître de Landau et du cours de la Lauter, sur la rive gauche du Rhin, y arriverait par l'Alsace. Le maréchal de Villars fut opposé au premier à **Sierck**, avec 50.000 hommes, afin de couvrir Metz à tout prix ; l'armée de **Marsin** fut chargée de barrer l'Alsace au second en occupant les lignes de la Moder ; et, pour relier ces deux masses entre elles, on établit le **Régiment de Montboissier à Ingwiller**, dans les Vosges.

Ces dispositions suffirent pour en imposer aux alliés. Peu soucieux de se mesurer avec l'illustre maréchal de Villars, et craignant, d'autre part, d'être pris à revers par l'armée de Villeroi revenue en Flandre et qui assiégeait Liège, **Marlborough** renonça à prendre l'offensive par la Moselle. Il se retira sur la Meuse, fit lever le siège de Liège et poussa Villeroi jusqu'à Louvain.

Aussitôt, Villars se porta sur Trèves, s'empara des magasins que le général anglais avait laissés dans la place ; puis, ne maintenant qu'un détachement sur la Moselle, il alla se joindre à Marsin en Alsace, et, avec lui, le 5 juillet, força le prince de Bade dans ses lignes de Wissembourg sur la Lauter. Malheureusement il ne put poursuivre ses succès de ce côté : on lui enleva la moitié de son armée pour renforcer celle de Villeroi en Flandre, et la prince de Bade, reprenant l'offensive, poussa sur Haguenau, dont il s'empara en octobre.

Jusque là, le **Régiment de Montboissier** était demeuré à **Ingwiller**. **Villars**, qui s'était replié sur **Strasbourg**, l'appela à lui, et c'est dans les environs de cette place qu'il prit ses quartiers d'hiver.

1706. — Au printemps suivant, quelques renforts ayant pu lui être envoyés, le maréchal de **Villars** entreprit de reconquérir le terrain perdu en **Alsace**. Il surprit, le 1er mai, les lignes de **la Moder**, débloqua le **fort Louis**, poussa sur les lignes de **la Lauter**, qui ne furent pas défendues, et força le prince de **Bade** à repasser sur la rive droite du **Rhin**.

Il y eut là toute une série d'actions glorieuses pour nos armes et auxquelles le **Régiment** de **Montboissier** prit une large part. Mais, en **Flandre**, **Marlborough** venait, le 23 mai, de gagner sur **Villeroi** la bataille **de Ramillies**, tellement désastreuse pour la France, que, désormais, elle allait devoir se borner partout à la défensive. Il fallut retirer des troupes d'Alsace pour les envoyer en Flandre, et, le 25 juin, le **Régiment de Montboissier** fut dirigé des bords du Rhin sur **Ypres**, dans la Flandre occidentale, où il arriva à la fin de juillet.

Après sa defaite à Ramillies, entre la Méhaigne et la Petite-Gette, l'armée de Villeroi avait reculé en désordre jusque derrière la Lys, abandonnant aux alliés le Brabant tout entier et plus des deux tiers de la Flandre espagnole. Le duc de **Vendôme**, successeur de Villeroi, s'employa sans retard à la réorganiser; il la réforma sur la basse Deule en avant de Lille, et, pour couvrir la Flandre française, fit réoccuper les anciennes **lignes d'Ypres à Comines.**

Dès son arrivée, le **Régiment de Montboissier** fut affecté, sous les ordres du **comte de Lamothe,** à la défense de ces lignes.

1707. — Il y demeura pendant toute l'année 1707, sans participer aux opérations actives.

Celles-ci, d'ailleurs, furent de peu d'importance. Cependant Marlborough ayant été forcé d'envoyer des renforts en Allemagne, le duc de Vendôme parvint, par ses manœuvres, à le faire reculer jusqu'au delà de Bruxelles; il menaça même Louvain; tout au moins, il put se maintenir devant lui sans désavantage entre Fleurus et Waterloo, préservant ainsi le Hainaut, le Namur, le Luxembourg, seules provinces qui restassent à la couronne d'Espagne.

1708. — Mais, en 1708, le **duc de Bourgogne,** envoyé à l'armée pour en prendre le commandement supérieur,

eut affaire non plus seulement à **Marlborough**, mais aussi au **prince Eugène**,
qui était venu se joindre au général anglais entre Bruxelles et Louvain. Il fut
complètement battu à Oudenarde le
11 juillet, et rejeté, après de grandes
pertes, sur **Gand**, qu'un de nos détachements avait pu réoccuper par surprise
quelques jours plus tôt.

Cette retraite sur Gand laissait notre
frontière ouverte devant les alliés. Le
prince Eugène mit le siège devant **Lille**,
où il entra le 10 décembre malgré l'héroïque défense du maréchal de **Boufflers**.
En même temps, **Marlborough** fit enlever
et raser, entre Ypres et Comines, les lignes
destinées à protéger la Flandre française,
et poussa des partis jusqu'au cœur de
l'Artois, même jusqu'en Picardie.

Envoyé dès le début de la campagne
de 1708 à **Aire-sur-la-Lys**, pour y tenir
garnison, le **régiment de Montboissier**
demeura étranger à ces douloureux évé-
nements.

1709. — Les débris de l'armée battue
à Oudenarde n'avaient rien tenté pour
dégager Lille et s'étaient repliés à grand'-
peine sur la Scarpe. Gand avait capitulé
le 2 janvier 1709 sans même avoir reçu
un coup de canon ; il ne nous restait plus
en Belgique que deux places : celles de

Tournay et de Mons. La détresse de la France était à son comble, et un hiver terrible, suivi de la famine, vint encore compliquer la situation.

Cependant tant de malheurs n'avaient pas abattu les courages. A l'appel du vieux roi Louis XIV, toutes les classes de la société s'unirent dans un sublime élan de patriotisme, et, à l'aide de volontaires accourus de tous les points de la France, on put réunir 100.000 hommes mal armés, il est vrai, mal habillés, à peine nourris, mais tous prêts à mourir pour sauver l'honneur de la France.

Le maréchal de Villars en prit le commandement. Il les rassembla dans le camp retranché de La-Bassée, entre Béthune et Douai, de manière à couvrir Douai, Arras et la Picardie, et là il attendit l'ennemi, car le manque de vivres semblait devoir lui imposer la défensive : « Pour donner du pain aux brigades que je fais marcher, dit le maréchal dans ses Mémoires, je fais jeûner celles qui restent. »

Néanmoins, lorsque, après la prise de Tournai qu'il n'avait pu empêcher, il vit les alliés se diriger sur Mons, il résolut de les devancer autour de cette place, derrière laquelle il n'y avait plus que Le Quesnoy pour couvrir Paris . Il passa la

Scarpe et l'Escaut et offrit la bataille à **Malplaquet**. Quand l'action s'engagea, le 11 septembre, on venait de distribuer à nos soldats le pain dont ils manquaient depuis deux jours; ils le jetèrent pour courir plus vite au combat. La lutte fut terrible. En quelques heures 25.000 morts, dont 17.000 alliés, couvrirent le champ de bataille; nos milices, composées d'hommes tirés la veille de la charrue, firent des prodiges de valeur, et, s'il ne leur fut pas possible d'obtenir la victoire, du moins elles la firent payer chèrement à l'ennemi.

Villars ayant été blessé dans une charge où il enleva trente canons, et l'adversaire, qui disposait d'une grande supériorité numérique, étant parvenu à forcer notre centre, il fallut céder; mais l'armée se retira sans avoir perdu ni artillerie, ni drapeaux, ni prisonniers, et sa retraite se fit dans le plus grand ordre sous le canon du Quesnoy et de Valenciennes Mons fut obligée de se rendre; mais l'invasion de la Picardie, hautement annoncée par les alliés, dut être abandonnée.

Le régiment de Montboissier n'était pas à cette glorieuse défaite de Malplaquet. Il fut maintenu à Aire-sur-la-Lys jusqu'à la fin de l'hiver de 1709 à 1710. Il allait, à son tour, avoir l'occasion de se signaler.

1710. — Au commencement de 1710, il fut envoyé à Douai où commandait le général **d'Albergotty.**

Siège de Douai. — Les alliés étaient sortis de bonne heure de leurs quartiers d'hiver. Ayant rassemblé 70.000 hommes entre Lille et Tournai, ils tombèrent, dès la mi-avril, sur nos lignes de l'Artois, qu'ils n'avaient osé attaquer lorsque Villars était derrière.

D'Artagnan, devenu le maréchal de Montesquiou, et qui commandait provisoirement l'armée, fut surpris près du canal de Douai à Lille, avant d'avoir eu le temps de réunir ses forces, et obligé de se retirer à Cambrai. Aussitôt le prince **Eugène** franchit les lignes et investit la place de **Douai.**

L'investissement, commencé le 22 avril, fut achevé le 24. Des combats de chaque jour retardèrent l'ouverture de la tranchée jusqu'au 4 mai.

« Dans la nuit du 6 au 7 mai, dit le journal du siège, l'ennemi fit une batterie de sept pièces à notre gauche, pour battre la **redoute de la Brayelle** sur le mont de Douai. Cette redoute était occupée par le chevalier **de Vincel,** du régiment de

Montboissier, avec 60 hommes de garnison et deux petites pièces en fer.

» Cet officier demanda à y demeurer à poste fixe pendant toute la durée du siège. Il s'acquitta dignement de son emploi, en réparant, toutes les nuits, les brèches de la redoute, sous le feu de l'ennemi qui tirait à cartouches et des fusiliers disposés pour empêcher son travail. Dès le 8, il répondait aux sept pièces de l'ennemi et, à partir du 13, il eut à lutter contre six autres pièces, sans recevoir le moindre renfort. L'ennemi renonça à tirer sur la redoute le 21, parce qu'elle lui coûtait inutilement trop de munitions, mais il recommença le 28, et ne cessa plus de la battre jusqu'à la fin sans succès. »

Le 25 juin, après cinquante-deux jours de tranchée ouverte au cours desquels elle avait fait trente-deux sorties et repoussé plusieurs assauts, la garnison de Douai fut obligée de rendre la place ; mais, en considération de ses héroïques efforts, de la glorieuse résistance du chevalier de Vincel et de ses compagnons, elle obtint d'en sortir avec **les honneurs de la guerre.**

Vainement, à la fin de mai, Villars, qui était revenu à l'armée, avait essayé de la dégager en offrant la bataille aux alliés dans les plaines entre Arras et Douai. Ils refusèrent de se mesurer avec lui, et le maréchal qui ne disposait pas de forces suffisantes pour les forcer dans les lignes où ils s'étaient retranchés, entre Vitri sur la Scarpe et Hennin-Liétard près du canal de Lille, dut se retirer sous Arras, puis, entre cette place et Hesdin, à cheval sur la route de Paris. Après la chute de Douai, l'ennemi s'empara de Béthune, mais il n'osa pas aborder Villars dans ses positions, et il se borna à faire tomber Aire et Saint-Venant que tenaient encore sur ses derrières des garnisons françaises.

Depuis le 18 avril 1710, le **régiment de Montboissier** avait été donné à un nouveau colonel, **M. de Longuerue.** Il n'en continua pas moins à porter le nom de Montboissier, sous lequel il est désigné dans le *Journal du siège de Douai.*

Le siège terminé, il fut dirigé sur **Cambrai,** puis sur **Le Catelet,** où il demeura jusqu'à la fin des hostilités.

1711. — La guerre devait durer deux ans encore.

Des pourparlers, cependant, étaient engagés en vue de la faire cesser et, en 1711, les opérations furent à peu près nulles; Villars, établi entre la mer et la Meuse, le long de la Canche, de la Scarpe, de la Sensée et de la Sambre, avait ordre de garder rigoureusement la défensive pour ne pas compromettre l'issue des négociations, et Marlborough, dont le prince Eugène venait de se séparer pour aller conduire un fort détachement en Allemagne, n'osa faire d'autre entreprise que le siège de Bouchain qui se rendit le 12 septembre.

Dès le mois d'octobre, les armées en présence prirent leurs quartiers d'hiver.

1712. — En 1712, la paix était faite ou à près, avec l'Angleterre. Marlborough avait été dépossédé de son commandement et des instructions avaient été envoyées au duc d'Ormond, son successeur, pour qu'il évitât tout engagement sérieux avec les troupes françaises. Mais le prince Eugène était revenu, impatient de poursuivre ses succès et, malgré le refus du général anglais de marcher avec lui, il envahit le pays entre le haut Escaut et la Sambre, afin de se porter sur Paris par la vallée de l'Oise. Le Quesnoy tomba entre ses mains le 4 juillet, et aussitôt il fit assiéger Landrecies sur la Sambre.

Pour ce dernier siège, qu'il couvrait lui-même avec le gros de ses forces, le long de l'Escaillon, il avait établi ses magasins à Marchiennes sur la Scarpe et communiquait avec eux par une ligne fortifiée, qui passait l'Escaut au camp de **Denain**, gardé par le corps hollandais du général d'Albermale.

A l'instigation du maréchal de Montesquiou (d'Artagnan), Villars, dont l'armée était rassemblée autour de Cambrai, conçut le projet d'enlever le camp de Denain pour couper Eugène de ses magasins.

Dans ce but, tandis qu'il simulait une attaque directe sur les troupes chargées de couvrir le corps de siège de Landrecies, il fit passer, de nuit, l'Escaut par trente bataillons entre Bouchain et Denain; puis l'armée tout entière, faisant demi-tour, se dirigea sur le camp de Denain, qui fut enlevé vaillamment malgré le feu terrible de l'ennemi surpris. Les Hollandais s'enfuirent, mais les ponts de l'Escaut s'étant rompus, tous furent tués ou pris, et le prince Eugène, arrivé trop tard pour conjurer ce désastre, dut se retirer en désordre sur Landrecies, dont il fut obligé de lever le siège aussitôt.

Ce fut la **bataille de Denain.**

Cette glorieuse journée du 24 juillet 1712 avait sauvé la France. Coupés de leur grand magasin, dont les immenses approvisionnements tombèrent en notre pouvoir, les alliés se mirent en retraite et Villars leur enleva une à une Douai, Le Quesnoy, Bouchain, toutes les places de notre frontière. En trois mois, l'ennemi perdit cinquante-trois bataillons pris ou tués, deux cents canons, d'énormes quantités d'armes et de munitions et ces succès n'avaient pas coûté aux Français 1.500 hommes.

1713. — La victoire de Denain accéléra les négociations engagées à Utrecht en vue de la paix, qui fut signée le 11 avril 1713.

Le régiment de Montboissier fut licencié le 13 décembre 1713.

RÉGIMENT D'HUGUES

(1713-1714).

Au licenciement du régiment de Montboissier, le n° 144 échut au régiment d'**Hugues**, qui avait été levé en 1702 par le colonel de Madaillon de Lesparre.

Affecté à l'armée de Flandre depuis 1710, il venait de prendre sa part des lauriers de Denain et de collaborer à la prise de Douai, du Quesnoy et de Bouchain.

Quand il devint le **144e**, les hostilités

avaient cessé. Il n'eut donc pas l'occasion de combattre sous notre numéro. D'ailleurs, moins d'un an après, le 30 octobre 1714, il fut licencié à son tour, en vertu d'une ordonnance royale qui ramenait à cent vingt régiments, dont deux de garde française, l'effectif de l'infanterie.

Cet effectif ne fut augmenté qu'à l'époque des grandes guerres de Louis XV, et c'est ainsi que l'histoire du **144ᵉ** se trouve de nouveau interrompue jusqu'en 1757.

GUERRE DE SEPT ANS

(1756-1763)

Obligé de répondre aux provocations des Anglais, jaloux de notre prospérité coloniale et qui projetaient de s'approprier les Indes et le Canada, entraîné par des intrigues de cour à une alliance avec l'Autriche, rivale de la Prusse, le gouvernement du roi **Louis XV** se trouva engagé, en 1756, dans une guerre à la fois maritime et continentale, qui devait durer jusqu'en 1763, et allait mettre aux prises deux coalitions : d'une part, la Prusse, l'Angleterre et le Hanovre ; de l'autre, l'Autriche, la France, puis la Russie et la Suède.

Ce fut la **guerre de Sept ans**, guerre glorieuse pour Frédéric II, roi de Prusse, qui s'y révéla le plus grand tacticien de l'époque, mais funeste pour la France, où nos soldats connurent la défaite plus souvent que la victoire, et qui se termina, au honteux traité de Paris, par la perte de nos colonies.

Les premières opérations, cependant, nous furent favorables. En 1756, le maréchal de Richelieu s'empara de Port-Mahon et des îles Baléares, malgré la flotte anglaise de l'amiral Byng; puis, en 1757, le maréchal d'Estrées envahit le Hanovre et battit à Hastembeck les Anglo-Hanovriens du duc de Cumberland, bientôt obligés, par la capitulation de Closter-Seven, de nous livrer tout le pays. Mais, la même année, à Rosbach, en Saxe, l'armée franco-allemande que commandait le prince de Soubise, fut mise en complète déroute par Frédéric II. En 1758, le gouvernement anglais ayant désavoué la convention de Closter-Seven, les troupes de Cumberland reprirent les armes sous les ordres du prince Ferdinand de Brunswick, nous firent reculer du Hanovre sur la Westphalie, et, à Crevelt, infligèrent au comte de Clermont un échec des plus graves. Enfin, en 1759, nos deux armées réunies du Hanovre et du Main, qui, après un succès remporté par le duc de Broglie à Bergen, près Francfort-sur-le-Main, avaient repris l'offensive sous le maréchal de Contades, furent battues à Minden, en Westphalie, par le prince Ferdinand, et la guerre maritime aggravait tous ces revers, en ajoutant de nouveaux désastres à nos malheurs.

L'héroïsme, néanmoins, vivait encore dans l'âme des soldats français.

RÉGIMENT D'HORION

(1757-1762)

Par ordonnance royale du 25 mars 1757, deux régiments avaient été levés à Liège, en Belgique, par des gentilshommes français. L'un deux, celui du comte d'Horion, fort de deux bataillons à 800 ou 900 hommes, avait pris le **144ᵉ** rang dans l'ordre de bataille. Tous ses officiers étaient Français, et la troupe composée mi-partie de Français et d'étrangers.

1760. — Au printemps de 1760, le **régiment d'Horion** fut désigné pour faire partie de **l'armée du Main**, placée sous les ordres du maréchal de **Broglie** et qui venait d'hiverner aux environs de **Franc-fort**. Il la rejoignit au mois de mai.

En juin, de Broglie, qui avait reçu le commandement supérieur de toutes les forces françaises, appela à lui l'armée du Rhin (anciennement du Hanovre), que commandait alors le comte de Saint-Germain, et, l'ayant ralliée sur les confins de la Hesse et de la Westphalie, il marcha sur Cassel avec plus de 100.000 hommes.

Battu dans la Hesse à Corbach, le 31 juillet, où nos soldats déployèrent tant d'ardeur qu'on vit des hommes qui avaient brûlé toutes leurs cartouches, ramasser des pierres pour les lancer à l'ennemi, le **prince Ferdinand**, général en chef des troupes anglo-hanovriennes, dut nous abandonner successivement Cassel puis **Minden** et nous laisser prendre pied dans le Hanovre.

A ce moment, une diversion était tentée par les alliés sur le bas Rhin, où 15.000 hommes, que commandait le jeune prince héréditaire de Brunswick, neveu de Ferdinand, enlevaient Clèves et commençaient le siège de **Wesel**. Le maréchal de Broglie envoya de ce côté un corps d'égale force sous les ordres du marquis de Castries. Le **régiment d'Horion** fut désigné pour faire partie de ce détachement. Il allait, avec lui, contribuer à la victoire de Clostercamp.

Bataille de Clostercamp (16 octobre 1760). — Le 15 octobre 1760, le marquis de **Castries** avait fait ses dispositions sur la rive gauche du Rhin pour livrer bataille, le lendemain, au **prince héréditaire de Brunswick**, et le forcer à lever le siège de **Wesel**. Ses troupes étaient sur deux lignes, entre **Clostercamp** et **Meurs**, couvertes de front par les chasseurs de Fischer, le **régiment d'Horion** en réserve avec quelques autres bataillons.

Le prince héréditaire voulut devancer l'attaque des Français.

Pendant la nuit du 15 au 16, ses grenadiers, écossais et hanovriens, furent portés en avant. A la faveur de l'obscurité, ils parvinrent à tromper la vigilance des chasseurs de Fischer et à se glisser jusque devant les bivouacs de notre première ligne. Les Français allaient être surpris dans leur sommeil, sans le dévouement d'un capitaine au régiment d'Auvergne, le chevalier **d'Assas**.

Il se promenait à quelques pas en avant du bivouac de ses grenadiers, lorsque tout à coup il fut cerné par les Hanovriens qui, appuyant leurs baïonnettes sur sa poitrine, ne lui laissèrent d'autre

alternative que de se taire ou de mourir :
« A moi, d'Auvergne ! Voilà l'ennemi »,
s'écria le brave chevalier, et il tomba
percé de coups. **Son dévouement avait
sauvé l'armée.**

En un instant, ses soldats furent sur
pied, garnirent les bois en avant de Clostercamp, continrent l'ennemi et donnèrent le temps au reste des troupes de
prendre les armes.

Quand le jour s'éleva, la bataille s'engagea furieuse sur tout notre front, et à
midi l'ennemi, contenu de toutes parts,
fut obligé de se mettre en retraite.

Dans cette glorieuse affaire, le **régiment d'Horion** se distingua en tombant
à la baïonnette sur le flanc d'une colonne
ennemie qui attaquait le village de **Rhin-
berg.** Avec le régiment de La Tour-du-
Pin, il assura la victoire en portant secours à notre gauche un instant compromise.

Après la bataille, le prince héréditaire
se replia dans son camp de Buderich,
sous Wesel. En y arrivant, il trouva les
ponts emportés par une crue du Rhin.
Pris entre le fleuve, l'armée victorieuse
et la place assiégée, il allait être détruit ;
mais Castries ne sut pas donner à la poursuite toute la vigueur que comportait la
situation. Il se borna à escarmoucher

sur son front pendant toute la journée du 17 et donna ainsi le temps à l'ennemi de refaire ses ponts pour rentrer en Westphalie.

De Wesel, où il entra le 20 octobre, après la levée du siège, le **Régiment d'Horion** fut envoyé à Liège. Il y prit ses quartiers d'hiver. L'armée principale, sous de Broglie, prit les siens aux environs de Cassel, dans la Hesse.

1761. — En 1761, ce furent les alliés qui, les premiers, passèrent à l'offensive.

Brusquement, au mois de février, le maréchal de Broglie fut attaqué par le prince Ferdinand dans ses cantonnements, et obligé de rétrograder jusque sur le Main après avoir brûlé ses magasins. Il fallut lui envoyer des renforts. On les prit dans l'armée du Bas-Rhin, dont le commandement était alors exercé par **Soubise**. Le **régiment d'Horion** en faisait partie ; il arriva près de Francfort au milieu de mars, et aida les troupes du maréchal de **Broglie** à envahir de nouveau la **Hesse**.

Les anciennes positions de **Cassel** une fois réoccupées, le régiment revint sur le Rhin à l'armée de **Soubise**, puis, les deux maréchaux ayant résolu de se concentrer sur la Ruhr, pour écraser définitivement le prince Ferdinand, qui avait pris position à **Willighausen**, près de la Lippe, il rentra en Westphalie dans le courant du mois de juin.

Le 15 juillet, l'ennemi, bien qu'il n'eût que 70.000 hommes à opposer aux 140.000 de Soubise et de de Broglie, fut vainqueur à **Willighausen**.

Les maréchaux se séparèrent alors, pour agir, chacun de son côté, sur les flancs de l'adversaire. De Broglie retourna dans la Hesse, fit une tentative sur Hameln et poussa même, au delà du Weser, jusqu'à Brunswick, qu'il investit en octobre; mais, menacé d'être coupé de sa base d'opérations par un mouvement du prince Ferdinand vers Cassel, il dut rétrograder d'abord sur la Fulda, puis sur le Main, où il prit ses quartiers d'hiver.

Pendant ce temps, l'armée de Soubise, dont faisait partie le **régiment d'Horion**, continuait à opérer en Westphalie, cherchant à progresser dans la direction de Münster, malgré le prince héréditaire demeuré en face d'elle. Elle n'y réussit qu'imparfaitement et se vit enlever, le 28 août, les magasins qu'elle avait en avant du Rhin. Mais, le surlendemain, deux de ses brigades, dont était notre régiment, vengèrent cet affront en culbutant l'ennemi au village de Roxel et en le poussant, l'épée dans les reins, jusque sous les murs de Münster.

Ce combat, livré contre le détachement allié du général Kilmausegg, et où l'on fit 400 prisonniers, est le plus beau titre de gloire du **régiment d'Horion** dans la campagne de 1761.

Ce fut aussi sa dernière action de guerre.

Renvoyé sur le bas-Rhin en novembre pour s'y établir en quartiers d'hiver, il y resta jusqu'à son licenciement qui eut lieu le 25 novembre 1762.

1762. — Les opérations continuèrent sans lui en 1762. Elles furent insignifiantes : d'abord battu à Wilhelmstadt au nord de Cassel et refoulé sur Francfort, Soubise, qui était passé à l'armée du Main, eut un succès partiel à Friedberg ; mais il ne put empêcher la prise de Cassel, et il allait être chassé de la Hesse, lorsque furent signés les préliminaires de la paix.

GUERRES DE VENDÉE

(1793-1796.)

En 1793, la mort du roi **Louis XVI** et les excès commis par **la Révolution** amenèrent le soulèvement de plusieurs de nos provinces.

La **Vendée** fut la première en armes : déployant ouvertement l'étendard royaliste, elle combattit en ligne et fit franchement la guerre; mais, à côté d'elle, les **Bretons** inaugurèrent, sous le nom de **Chouannerie**, une sorte de lutte au couteau, qui, sans avoir la franchise de la guerre, n'en fut pas moins une calamité plus cruelle encore et surtout plus difficile à combattre.

Aux Vendéens et aux Bretons fanatisés, le Gouvernement de la Convention ne put opposer tout d'abord que des milices, provenant de la levée en masse et commandées par des chefs nommés à l'élection, tristes rassemblements sans discipline, sans courage, qui se débandaient au premier danger, dévastaient le pays, et constituaient pour la France un fléau presque aussi redoutable que la chouannerie elle-même.

De mars à septembre 1793, l'insurrection, en face de pareilles troupes, triompha presque constamment. Il fallut, pour en avoir raison, envoyer en Vendée les braves soldats du général Kléber, sortis de Mayence après une héroïque résistance, et que l'engagement de ne pas servir durant un an contre l'étranger avait rendus disponibles pour le service à l'intérieur.

Grâce à eux, la masse des rebelles fut détruite à Cholet, au Mans, à Savenay, et, en moins de trois mois, d'octobre à décembre 1793, la grande guerre fut terminée. Les insurgés échappés au désastre se répandirent dans tout l'ouest, principalement en Bretagne, poursuivis et traqués par « les colonnes infernales », et, jusqu'en 1796, essayèrent de tenir la campagne devant l'armée du général Hoche, à qui devait incomber le soin de pacifier définitivement la Vendée.

C'est pendant cette deuxième période de la lutte, période de combats obscurs, mais meurtriers, dans une région où chaque haie, chaque tournant de chemin cachait un ennemi, que l'on vit reparaître le numéro 144.

144e DEMI-BRIGADE DE BATAILLE

(1794-1796.)

En 1794, la Convention, pour essayer de tirer parti des milices, décida leur fusion dans les corps de troupe avec des bataillons de l'ancienne armée.

Depuis 1790 les dénominations particulières qui servaient à désigner les régiments avaient été remplacées par des numéros. Le mot lui-même de « régiment » disparut dans l'organisation nouvelle pour faire place à celui de « demi-brigade », et le chef de corps, cessant d'être appelé « colonel », prit le titre de « chef de brigade ».

La **144e** demi-brigade de bataille fut formée, en mai 1794, du 2e bataillon du 78e régiment d'infanterie, et des 7e et 10e bataillons des milices volontaires d'Orléans.

Deux de ces bataillons s'étaient déjà illustrés : celui du 78e, dans le Nord, en défendant la place de **Valenciennes**, qui ne s'était rendue qu'après avoir reçu 45.000 bombes ; le 10e, d'Orléans, en Vendée, en se faisant écraser à un pont pour couvrir la retraite de l'armée battue à **Chantonay** par le général insurgé Larochejaquelein.

De pareils antécédents étaient une garantie pour l'avenir. Depuis sa formation jusqu'à l'époque où la pacification fut complète, la 144e demi-brigade. sous les ordres du **chef de brigade Martinet**, prit part. dans l'armée du général **Hoche**, aux opérations de la **guerre de Vendée**. Dans cette guerre, pénible entre toutes, où la misère était grande et la délation à l'ordre du jour, ses soldats firent preuve à la fois de vaillance et d'abnégation. Constamment ils gardèrent au cœur le sentiment du devoir : « Le 1er bataillon étant à Châteaubriant, écrit le général Le Blanc, le caporal **Copin** et les soldats **Dauphin**, **Orètes**, **Jardinier** et **Marbier**, allant porter des dépêches, ont été accostés par des Chouans, qui leur ont proposé d'acheter leurs cartouches à un louis le paquet, et de les emmener avec eux pour 3 francs par jour. On leur a mis de l'argent dans la main, on a essayé des menaces ; mais ces braves se sont fait jour à la baïonnette et ont accompli leur mission sans écouter l'infâme proposition. » C'est là un fait tout naturel en d'autres temps, et qui n'eût pas valu d'être cité ; mais il n'était pas sans mérite à une époque où l'administration était à peu près nulle, où le soldat manquait de tout.

La Bretagne pacifiée, en octobre 1796, la 144e demi-brigade fut réunie à la 143e, sous le no 52, pour être envoyée en Italie.

144ᵉ RÉGIMENT D'INFANTERIE

(1813-1814)

FORMATION DU RÉGIMENT

Le numéro **144** ne reparut dans l'armée qu'en **1813**.

La campagne de 1812 en Russie nous avait coûté des pertes immenses : des régiments d'infanterie française qui avaient poussé jusqu'à Moscou la fortune de la Grande Armée, et dont l'effectif s'élevait au départ à 125.000 hommes, il ne restait plus que 6 ou 7.000 combattants. Désertant nos rangs, la Prusse allait s'allier contre nous à la Russie.

Il fallait sans retard créer une nouvelle armée : les conscrits de 1813, bien qu'à peine arrivés dans les dépôts, furent dirigés sur la portion active des anciens corps ; on appela par anticipation la classe 1814, et on enrégimenta les **cohortes**.

Avant d'entreprendre la campagne de Russie, Napoléon avait institué, pour défendre le territoire de l'Empire, une garde nationale, dont le premier ban, composé des hommes des classes de 1807 à 1812 n'ayant pas encore servi, avait été armé et organisé en **cohortes** d'un millier d'hommes encadrés par d'anciens officiers retraités ou réformés.

Le service dans les **cohortes** n'était dû qu'à l'intérieur ; mais, en apprenant les malheurs qui frappaient la France, ces braves gens furent les premiers à demander qu'on les incorporât dans l'armée active : satisfaction fut donnée à leurs patriotiques aspirations, et, dès le commencement de l'année 1813, les 88 cohortes existantes furent mises en marche vers la frontière, pour y être réunies quatre par quatre en vingt-deux régiments d'infanterie, numérotés de 135 à 156.

C'est ainsi que fut formé le **144e**, en mars **1813**, par la réunion à **Mayenne**, des **32e**, **33e**, **34e** et **35e** cohortes sous les ordres du colonel Boudin.

Embrigadé avec le 142e, il fut presque aussitôt dirigé sur l'armée qui se concentrait dans la **vallée du Main**, et affecté à la division **Ricard** du 3e corps, commandé par le **brave des braves**, l'illustre **Maréchal Ney**

Son effectif, au départ, était de 4.000 hommes, répartis entre quatre bataillons de six compagnies.

Composé d'hommes de 21 à 27 ans, qui

n'avaient jamais vu le feu, il est vrai, mais qui avaient neuf mois de présence au corps dans les cohortes, il devait constituer un des meilleurs éléments de la nouvelle armée, formée, en grande majorité, de conscrits de 19 à 20 ans, dont l'instruction militaire était à peine ébauchée, sinon tout à fait nulle, et qu'il fallut, au cours des marches de concentration, initier au chargement de l'arme, aux manœuvres les plus élémentaires.

« Des enfants conduits par des vieillards » disaient dédaigneusement, en parlant d'eux, les souverains alliés contre la France. A défaut d'instruction, ces enfants avaient du cœur : ils n'allaient pas tarder à montrer à nos ennemis ce que peuvent engendrer chez des jeunes soldats le sentiment du devoir, l'esprit de sacrifice et un ardent amour de la Patrie.

CAMPAGNE DE 1813 EN ALLEMAGNE

I — Bataille de Lutzen
(2 mai 1813)

Son organisation terminée, l'armée du Main, sous la conduite de l'empereur, était entrée en **Saxe**, où elle avait opéré sa jonction avec l'armée du prince Eugène rappelée des bords de l'Elbe.

Déjà les conscrits du maréchal Ney avaient reçu le baptême du feu : par deux fois, le 29 avril et le 1er mai, aux environs de Weissenfels, l'avant-garde du corps d'armée avait repoussé victorieusement les charges répétées d'une nombreuse cavalerie russe ; mais le **144e**, dont la division s'était trouvée en réserve dans ces deux affaires, n'avait pas encore eu à combattre.

Le 2 mai, il allait se couvrir de gloire.

Ce jour-là, l'empereur se dirigeait avec le gros de ses forces de **Mersebourg** et de **Weissenfels** sur Leipzig, ayant laissé le 3e corps au sud de Lützen pour surveiller des rassemblements ennemis signalés sur notre droite.

Vers midi, l'armée des coalisés, qui s'était mise en mouvement dans l'intention de tomber sur le flanc de nos colonnes pendant l'exécution de leur marche, vint donner contre la position du maréchal **Ney**. Elle entreprit de s'en emparer, et le maréchal fut assailli de front par les divisions prussiennes de **Blücher**, tandis que la cavalerie russe de **Wintzingerode** tentait de le tourner par sa droite où elle allait se heurter au 6e corps accouru de ce côté en soutien du 3e.

La position du maréchal Ney comprenait un ensemble de cinq villages, jalonnant trois lignes successives de résistance et où il avait disposé quatre de ses divisions, la 5e, celle du général **Ricard**, dont faisait partie le **144e**, demeurant en réserve près de **Lützen**.

Une lutte violente s'engagea autour de ces villages : Gross-Gœrschen, le plus avancé d'entre eux, dut être abandonné ; Rahna et Klein-Gœrschen, sur la deuxième ligne, furent pris à leur tour, puis réoccupés à la suite d'un vigoureux retou. offensif ; enfin, vers 4 heures, la garde prussienne étant venue renforcer les troupes de Blücher, nos jeunes soldats en furent de nouveau délogés, et l'assaillant pénétra jusque dans **Kaya**, le dernier point d'appui de notre position.

C'était la brèche faite aux lignes du 3e corps. Mais la **division Ricard** arrivait, pleine d'ardeur, impatiente de se mesurer enfin avec l'ennemi : l'honneur lui était réservé de ressaisir la victoire !

L'empereur, qui était accouru sur le champ de bataille au premier bruit du canon, ordonne au général Lobau, son aide de camp, de se mettre à la tête de cette division et de reprendre Kaya. Dans un superbe élan, le **144e**, avec tous les régiments du général **Ricard**, se porte en avant au pas de charge, insouciant de la mitraille qui fait rage autour de lui : le village est abordé à la baïonnette, on y pénètre, on le traverse, et, en quelques instants, la garde prussienne est refoulée en désordre jusque dans Rhana et Klein-Gœrschen.

L'héroïque intervention de la division **Ricard** a permis au maréchal **Ney** de rallier ses autres divisions, un moment désemparées. Il les ramène au combat, et, sur tout le front du 3e corps, la lutte recommence avec une effroyable intensité : en vain, les troupes de **Blücher**, dont le nombre grossit par l'arrivée des **Russes**, tentent efforts sur efforts pour reconquérir **Kaya**. On se fusille, on se mitraille presque à bout portant ; nos braves régiments ne se laissent pas entamer.

Le **144e**, dans cette phase de la bataille, se fait remarquer par son impétueuse ardeur : la compagnie du capitaine **Ta-rissan**, apercevant une colonne russe en marche sur **Kaya**, se jette sur elle à la baïonnette, la culbute et lui fait 200 prisonniers. Le capitaine **Tarissan** fut décoré par l'empereur sur le champ de bataille.

Cependant, vers six heures du soir, **Blücher** tente un dernier effort, et lance contre le village deux divisions toutes fraîches : épuisés dans une lutte déjà longue, décimés par le feu, nos vaillants soldats sont obligés de céder. **Kaya** est de nouveau perdu. Mais à peine l'assaillant vient-il d'en déboucher qu'il est vivement ramené : la jeune **garde**, rappelée en toute hâte des environs de Leipzig, s'avance en colonnes d'attaque ; elle rallie en chemin le **144e**, avec quelques autres fractions du 3e corps, et, renouvelant la belle manœuvre exécutée quelques heures avant par la division **Ricard**, elle se jette sur **Kaya**, que nous reprenons encore une fois.

Vainement, **Blücher** charge lui-même en tête de sa cavalerie pour essayer de rétablir le combat : les coalisés, refoulés pêle-mêle dans Klein-Gœrschen et Rahna, sont débordés à droite et à gauche par les corps français de Macdonald et de Bertrand qui viennent de déboucher dans leurs flancs. Ils renoncent à nous disputer plus longtemps la victoire et se mettent en retraite définitivement.

Telle fut cette bataille de **Lützen**, où de jeunes soldats — les plus anciens ne comptaient pas un an de service — avaient eu raison des vieilles troupes de la coalition.

Le **144e** y avait fait preuve d'un entrain superbe, d'un admirable dévouement : avec le colonel **Boudin**, atteint de deux blessures, 19 de ses officiers et près d'un millier d'hommes étaient tombés au champ d'honneur. Il dut refondre ses unités pour ne plus former que trois bataillons. Une large part lui revenait dans cet hommage que l'empereur voulut rendre à l'impétueuse ardeur de nos régiments : « Il y a vingt ans que je commande les armées françaises, dit-il à ses généraux le soir de la bataille ; je n'ai pas encore vu autant de bravoure et de dévouement ! » Et le lendemain, dans une proclamation adressée aux soldats eux-mêmes, il s'écria : « Soldats ! Je suis content de vous ! Vous avez rempli mon attente. Vous avez suppléé à tout par votre bonne volonté et par votre bravoure. »

II. — Bataille de Bautzen

(20 et 21 mai 1813)

Après Lutzen, les alliés ont traversé Dresde et sont allés se concentrer à **Bautzen**, vers l'extrémité orientale de la **Saxe** L'empereur les a suivis avec le gros de ses forces. Il se dispose à les attaquer de front, pendant que les troupes du maréchal Ney, qui avaient été détachées dans la direction de Berlin, reçoivent l'ordre de se rabattre sur le flanc droit et les derrières de la position ennemie.

Cette position, occupée par 100.000 Prussiens et Russes, est formidable. Elle est couverte par la rivière la **Sprée**, et constituée par une puissante ligne de redoutes, s'appuyant à gauche à des montagnes, flanquée à droite, du côté de Klein-Bautzen, par des mamelons boisés où **Blücher** s'est retranché avec 20.000 hommes.

Arrivé devant **Bautzen** le 19 mai, Napoléon juge qu'il ne pourra aborder de front de pareilles défenses. Le 20, il se borne à faire enlever les passages de la **Sprée** par les corps venus de Dresde, et il attend, pour donner l'attaque à la ligne principale, que le maréchal Ney, dont les têtes de colonnes ne pourront déboucher que le lendemain, ait fait entendre son canon sur les derrières de Blücher.

Le **144ᵉ**, qui appartenait au corps de Ney, ne prit donc aucune part à la bataille du 20; mais, le 21, nous le voyons, avec les autres régiments de la division **Ricard**, appuyer les attaques des divisions Souham et Delmas sur le village de **Preititz**, que les Prussiens disputent avec acharnement aux troupes du maréchal Ney. Cette localité enlevée, il fait face à droite et entame la lutte contre les soldats de Blücher pour les contenir dans leur position en avant de Klein-Bautzen, pendant que le reste du 3ᵉ corps exécute le mouvement tournant ordonné par l'empereur. Enfin, l'ennemi ayant commencé à rétrograder, il s'élance courageusement contre le village de **Purschwitz** afin de lui couper la retraite. Un violent combat s'engage alors, auquel prend part la division **Ricard** tout entière Le village est enlevé; mais l'on n'a eu affaire qu'à une arrière-garde : Blücher a compris le danger qui le menaçait; il s'est dérobé, entraînant dans sa retraite toutes les autres troupes de la coalition.

La victoire n'en est pas moins assurée.

Un chef de bataillon tué, trois officiers blessés, de nombreux soldats mis hors de combat attestent la part glorieuse qui en revient au 144ᵉ. C'est à juste titre que le nom de **Bautzen** figure, après celui de **Lutzen**, sur notre Drapeau.

III. — LE 144ᵉ EN SILÉSIE
(Du 22 mai au 25 août 1813)

Battus à **Bautzen**, les coalisés évacuent la Saxe et se retirent en **Silésie**, où nous les suivons. Mais là un armistice intervient qui arrête la poursuite et suspend les hostilités pendant deux mois et demi.

Durant l'armistice, le **144ᵉ** est aux environs de **Haynau**, campé dans des baraques. Quelques renforts lui arrivent qui relèvent son effectif notablement diminué par le feu et la maladie. Il se réorganise, il s'instruit, consacrant régulièrement six ou sept heures chaque jour aux exercices et au tir à la cible, et, bien que, depuis l'entrée en campagne, le prêt n'ait jamais été payé, bien que les distributions ne se fassent que très irrégulièrement, nos soldats font acte de discipline en respectant les ordres sévères

donnés par l'empereur pour prévenir le
pillage dans un pays qui est riche, mais
dont la population, foncièrement hostile,
dissimule ses ressources.

Ces pratiques ajoutent aux qualités
viriles dont le 144e a fait preuve dans la
première partie de la campagne, et il se
sent mûr pour de nouveaux efforts, pour
de nouvelles victoires.

Malheureusement, l'armistice nous a
été fatal. Il a permis à l'Autriche et à la
Suède d'entrer dans la coalition, et, à la
reprise des hostilités, l'empereur aura
contre lui trois armées : l'une en Silésie,
sous Blücher, une autre en Bohême,
commandée par Schwartzenberg, la troisième enfin aux environs de Berlin sous
le prince de Suède, Bernadotte, un ancien
maréchal de France traître à sa patrie.
Napoléon répartit ses forces de manière
à faire face à la fois à ces trois armées, et
il charge le maréchal Ney, avec les 3e,
5e, 6e et 7e corps, de contenir celle de
Blücher.

Ce dernier, d'ailleurs, n'a pas attendu
la fin de l'armistice pour reprendre les
hostilités. Dès le 15 août, en violation du
droit des gens, il a envahi la zone neutre
et forcé les troupes de **Ney** à rétrograder
jusque derrière le **Bober**.

A cette nouvelle, l'**Empereur** accourt

avec sa garde : le 21, nous reprenons l'offensive; divers engagements ont lieu, qui obligent **Blücher** à reculer à son tour et à se replier sur **Jauer** au delà de la **Katzbach**.

Le 144e ne prit pas une part effective à ces engagements, le 3e corps ne s'étant pas trouvé en première ligne.

Son dévouement, son endurance devaient être réservés pour les jours d'épreuve; et ils allaient suivre presque immédiatement le départ de l'Empereur, rappelé dès le 23 à Dresde, où il emmenait le maréchal **Ney**, en même temps que la garde et le 6e corps, laissant au maréchal **Macdonal** le soin de poursuivre les opérations contre **Blücher** avec les 5e, 11e et 3e corps, ce dernier commandé désormais par le général **Souham**

IV. — Bataille de la Katzbach
(26 août 1813)

Le 26 août, **Macdonald**, voulant déloger l'ennemi de la position qu'il occupe à **Jauer**, livre à **Blücher** la bataille de la **Katzbach**.

Une terrible pluie d'orage, qui devait durer trois jours sans discontinuer, a fait déborder les rivières et rendu les chemins impraticables. Elle retarde la marche des 5e et 11e corps et amène du décousu dans les attaques qu'ils devaient exécuter contre le front de la position, pendant qu'à leur gauche le 3e corps se porterait directement de **Liegnitz** dans le flanc de l'ennemi. Une de leurs brigades, aventurée seule au delà du ravin de la **Wutten-Neiss,** est accablée par des forces supérieures ; à sa gauche, la cavalerie du général **Sébastiani** charge vigoureusement pour essayer de la dégager, mais elle est ramenée par une cavalerie plus nombreuse, et, finalement, fantassins et cavaliers sont rejetés dans le ravin, où ils tombent pêle-mêle sur la tête de colonne du général **Souham** qui, n'ayant pu, à cause de la hauteur des eaux, franchir la **Katzbach** devant Liegnitz, s'était rabattu à droite, le long de la **Wutten-Neiss,** à la recherche d'un passage plus accessible.

Un encombrement épouvantable se produit sur cette partie du champ de bataille, qui provoque la retraite, presque la déroute, de toute l'armée.

Au milieu du désordre général, la **division Ricard,** cependant, conserve toute sa cohésion, tout son sang-froid : le soir de la bataille, tandis que la masse des troupes se presse vers l'un des rares gués de la **Katzbach** encore accessibles, les régiments de cette brave division, et parmi eux le **144ᵉ**, guidés par le général **Tarayre**, chef d'état-major du 3ᵉ corps, gravissent les hauteurs qui encaissent la vallée, s'y forment en carrés, et, par leur fière attitude, en imposent à l'ennemi. Malheureusement, leurs fusils ne réussissent guère à arrêter la poursuite, faute de pouvoir faire feu : il ne part pas dix coups par bataillon! La pluie, le vent, la grêle ne laissent rien distinguer à la moindre distance, et, impuissants contre les éléments déchaînés, nos vaillants soldats doivent renoncer à la lutte pour se replier derrière la **Katzbach**. Mais, le lendemain, on les retrouve à l'arrière-garde du 3ᵉ corps, plus fermes devant l'ennemi que devant le mauvais temps, opposant avec leurs baïonnettes une barrière de fer aux cavaliers russes et prussiens, qu'ils parviennent à contenir. Grâce à eux, le corps de Souham peut gagner **Bunzlau**, où, le 28, les 5ᵉ et 11ᵉ corps viennent se rallier à leur tour.

Cependant, à la baisse des eaux, **Blücher** met en mouvement son armée tout entière, plus de 80.000 hommes. Nos jeunes troupes harassées ont subi des pertes énormes, les vivres, les munitions mêmes font défaut : Macdonald est obligé d'ordonner la retraite, d'abord sur Gœrlitz, où, le 4 septembre, l'arrivée de l'empereur fait reculer un moment l'ennemi, puis sur **Bautzen**, enfin jusqu'aux environs de **Dresde**.

La retraite s'effectue dans la misère et les privations ; mais, au milieu des défaillances qui, nécessairement devaient se produire chez des conscrits peu faits pour les traverses de ce genre, le **144**ᵉ ne se laisse point abattre, et, tout entier groupé autour de son drapeau, il donne à tous l'exemple d'une énergie morale qui ne se dément pas un séul jour.

V. — BATAILLE DE LEIPZIG
(DU 16 AU 19 OCTOBRE 1813)

A la fin du mois de septembre, l'armée française était tout entière en **Saxe**, observant les débouchés de la Bohême au sud de **Dresde** et tenant le cours moyen de l'Elbe en face des armées ennemies de Silésie et du Nord.

Les coalisés entreprirent de nous tourner à la fois par nos deux ailes, pour aller couper nos communications avec la France.

Dans ce but, en octobre, l'armée de

Blücher, après avoir donné la main, près de Wittemberg, à l'armée de **Bernadotte**, s'avança avec elle du nord au sud sur Leipzig, pendant que l'armée de **Schwartzenberg**, renforcée bientôt par les 60.000 Russes du général **Benningsen**, débouchait de la Bohême, marchant du sud au nord dans la même direction.

A cette nouvelle, l'empereur concentra l'ensemble de ses forces autour de **Leipzig**, pour s'opposer à la jonction des deux masses ennemies.

De là cette bataille de **Leipzig**, connue dans l'histoire sous le nom de **Bataille des nations**, bataille de trois jours (16, 18 et 19 octobre) où 150.000 Français allaient avoir à lutter contre plus de 300.000 coalisés, autrichiens, prussiens, russes et suédois.

Le 144e n'y prit une part effective que les deux derniers jours.

En effet, avant la concentration générale autour de **Leipzig**, le 3e corps avait été porté dans la direction de **Wittenberg**, afin de renforcer les troupes chargées de disputer à l'ennemi le passage de l'Elbe. Le 12 octobre, il s'était emparé du pont de **Dessau** dans un brillant combat qui avait coûté aux Prussiens une perte de 3.000 hommes et six canons, et où le **144e**, sous les yeux du maréchal **Ney**, son ancien commandant de corps d'armée, avait fait preuve, comme toujours, de vigueur et d'entrain. Après ce combat, il avait repris la direction de **Leipzig**; mais la nécessité de garder le contact avec l'armée de **Bernadotte** et une pluie incessante, qui rendait la marche très pénible par des chemins détrempés, avaient ralenti son mouvement, et ce fut seulement le 16, dans l'après-midi, qu'il atteignit les environs de **Leipzig**.

16 octobre. — Depuis le matin, l'empereur, qui avait disposé le gros de ses forces au sud de la ville, luttait avec la dernière énergie contre toute l'armée de **Schwartzenberg**, tandis qu'au nord, entre la **Partha** et l'**Elster**, le seul 6ᵉ corps, commandé par le maréchal **Marmont**, essayait de faire tête aux 60.000 hommes de **Blücher**, lequel n'avait pas hésité à à s'engager sans attendre l'arrivée de **Bernadotte**.

Débouchant par le nord-est entre l'empereur et **Marmont**, le 3ᵉ corps fut sollicité alternativement d'appuyer l'un et l'autre; les ordres, les contre-ordres se succédèrent, et il en résulta que deux de ses divisions, entre autres celle du général **Ricard**, tantôt dirigées, vers le sud, tantôt ramenées vers le nord du champ de bataille, perdirent la journée en allées et venues inutiles, sans tirer un coup de fusil.

La nuit mit fin à la bataille.

Elle nous avait coûté 26.000 hommes ; les alliés en avaient perdu 40.000. De part et d'autre les troupes étaient épuisées, et la journée du lendemain se passa sans combat.

18 octobre. — La bataille du 16 était restée indécise, car l'ennemi n'avait pu nous forcer dans aucune de nos positions. Cependant, Bernadotte approchait avec 60.000 hommes, Benningsen avec 50.000, et nous allions avoir, le 18, 300.000 hommes autour de nous. L'empereur se résolut à la retraite. Mais à peine était-elle commencée que, le 18 au matin, nous étions violemment attaqués de toutes parts : une deuxième bataille s'engageait alors, dans laquelle le **144ᵉ** allait se trouver aux prises avec les troupes de **Blücher** et de **Bernadotte**.

Lorsque celles-ci entamèrent l'action au nord-est de **Leipzig**, les corps de **Marmont** et de **Reynier**, tenaient les villages de **Schonfeld** et de **Sellerhausen**, ayant derrière eux en réserve le 3ᵉ corps. Malgré l'énorme disproportion des forces en présence, malgré la trahison des **Saxons** qui, dès le début du combat, passèrent à l'ennemi, on se disputa pendant près de dix heures ces deux villages : celui de **Schonfeld**, perdu et reperdu sept fois par les soldats de **Marmont**, fut repris une huitième fois par la division **Ricard**. Le **144**e et quelques autres bataillons de celte division s'y établirent, s'y cramponnèrent, opposant une invincible résistance aux efforts répétés du vieux **Blücher** pour les en déloger.

Il fallut cependant céder devant le nombre, et se replier sur le faubourg entre les routes de **Wurzen** et de **Naundorf**, mais ce fut pour tenir encore et avec une indomptable énergie. « Jusqu'à la nuit, a écrit M. Thiers, nos soldats demeurèrent immobiles, comme fixés à des limites qu'aucune puissance humaine ne pouvait franchir. L'admiration était dans le cœur même de leurs ennemis acharnés. »

Au sud de **Leipzig**, la lutte avait présenté le même caractère de violence et, dans cette journée du 18, 20.000 Français 30.000 alliés étaient tombés sur le champ de bataille !

19 octobre. — Il fallut, néanmoins, se battre encore le 19.

Pour donner le temps au gros de l'armée de s'écouler par l'unique **pont de Lindenau** dont nous disposions pour le passage de la **Pleiss** et de l'**Elster**, quelques divisions reçurent l'ordre de contenir l'ennemi sur le pourtour même de la ville. Parmi elles, la **division Ricard** fut chargée de défendre la barrière de **Schonfeld**, où déjà se pressaient les troupes de **Bernadotte**.

A ce poste d'honneur, les braves de **Ricard** comprirent qu'ils devaient se sacrifier pour le salut de l'armée : ils opposèrent aux vainqueurs un rempart impénétrable et leur firent payer chèrement leur impatience.

Cependant, quelques détachements de l'armée de **Blücher** avaient pénétré par le nord dans la ville ; le **142**e de ligne, qui faisait brigade avec le **144**e, les avait massacrés presque entièrement, mais au sud, d'autres, plus heureux, appartenant à l'armée de Schwartzenberg, gagnaient du terrain dans la direction du pont. Le maréchal **Marmont**, craignant d'être devancé au passage de l'**Elster**, donna l'ordre impérieux de la retraite. Il fallut obéir. On gagna le pont, on s'y engagea ; mais à peine le général **Ricard** venait-il d'atteindre la rive opposée avec le gros de sa division, qu'une épouvantable catastrophe se produisit : un caporal avait mis prématurément le feu à la mine préparée pour rompre le passage. Le pont sauta et près de 20.000 hommes, dont une partie appartenant à la division **Ricard**, se trouvèrent privés de tout moyen de retraite. Ces malheureux durent mettre bas les armes dans Leipzig, ou bien se jeter dans l'Elster, où beaucoup se noyèrent avec le brave maréchal **Poniatowsky**.

VI. — BATAILLE DE HANAU
(30 et 31 OCTOBRE 1813.)

Après **Leipzig**, l'armée bat en retraite pour aller se couvrir de la ligne du Rhin. Deux divisions de la jeune garde ferment la marche ; les deux autres, avec le 4e corps, ouvrent la route.

Épuisée, décimée, car elle a perdu 60.000 hommes dans la bataille de **Leipzig**, elle traverse ces champs de **Lutzen** et de **Weissenfels** où, moins de six mois avant, elle avait connu la victoire, et s'arrête trois jours à **Erfurth** pour se réorganiser.

Le 27 octobre on repart d'Erfurth, et, le 30, avant d'arriver à **Hanau**, on se trouve en présence d'une armée de 60.000 hommes : ce sont les Bavarois du général de **Wrède** qui, ayant fait défection dès avant la bataille de **Leipzig**, sont venus s'établir dans la forêt de **Lamboy**, entre le **Main** et la **Kinzig**, pour nous barrer la route de **Mayence**.

30 octobre. — Un violent combat a lieu le 30, à la suite duquel l'ennemi battu, ayant perdu plus de 10.000 hommes, est rejeté en désordre dans **Hanau** sur la rive gauche de la **Kinzig**. L'empereur reprend sa marche avec le gros de ses forces, ne laissant devant de **Wrède** que les débris des 3e, 4e et 6e corps, qui, sous les ordres du maréchal **Marmont**, devront compléter la victoire.

Dans la soirée, le 3e corps tente d'enlever **Hanau**, mais sans succès.

31 octobre. — Marmont fait alors bombarder la ville pendant la nuit, et, reprenant l'attaque le lendemain 31, au petit jour, il s'en empare définitivement.

Le **144**, quoiqu'il ne comptât plus que quelques centaines d'hommes, fit brillamment son devoir dans cette affaire, où le commandant **Reissenbach** fut blessé.

Ce fut le dernier engagement de la campagne.

Les Bavarois ayant été mis hors d'état de nous nuire, le maréchal **Marmont** fit filer ses troupes sur **Francfort** et, de là, sur **Mayence**, où elles arrivèrent le 2 novembre.

CAMPAGNE DE FRANCE EN 1814

I. — Nouvelle organisation du 144ᵉ.

A son arrivée sur le Rhin, en novembre 1813, l'armée française était dans un état de désorganisation presque aussi complet qu'après la retraite de Russie. En attendant l'incorporation des nouvelles levées décrétées par l'empereur, les maréchaux Victor à Strasbourg, Marmont à Mayence et à Coblentz, Macdonald sur le bas Rhin, Ney à Metz, furent chargés d'en reconstituer les éléments; mais les pertes que nous avions éprouvées étaient telles que chacun d'eux ne put que difficilement grouper autour de lui une dizaine de mille hommes.

Le **144ᵉ**, qui, déjà fort éprouvé dans les opérations en Silésie, avait laissé plus des deux tiers de son effectif sur le champ de bataille de Leipzig, dut être refondu en un seul bataillon; il en fut de même pour la plupart des régiments, et ce fut à grand'-peine qu'avec les débris du 3ᵉ corps on parvint à former à Coblentz une maigre division, comprenant 18 bataillons de régiments différents. Cette division, qui comptait le 144e dans sa 2e brigade (général **Calvel**), fut mise sous les ordres du général **Ricard**, et, avec celle du général **Lagrange**, formée à Mayence de tout ce qui restait de l'ancien 6e corps, constitua le nouveau 6e corps d'armée commandé par le maréchal **Marmont**.

A peine réorganisées, ces malheureuses troupes, déjà si faibles, furent décimées par le typhus, et, à la reprise des hostilités, le 144e ne comptait guère que 150 combattants, dont 22 officiers.

C'est dans ces conditions, sans recevoir d'autre renfort qu'une centaine de conscrits qui rallièrent en janvier, enfants de 18 à 19 ans n'ayant jamais tiré un coup de fusil, ne sachant même pas charger leur arme, que le régiment allait faire toute la campagne de 1814, et, dans l'espace de trois mois, du 1er janvier au 30 mars, prendre part à soixante-sept batailles, combats ou engagements.

II. — Premières opérations

Tandis qu'en France nous ne pouvions, faute d'hommes de complément, que réencadrer les troupes ramenées de

Leipzig, les coalisés recevaient de puissants renforts et se préparaient à envahir notre territoire avec trois armées, formant un ensemble de 600.000 Autrichiens, Russes, Prussiens, Bavarois, Wurtembergeois, Saxons, Suédois et Anglais.

Ils reprirent l'offensive dès la fin de l'année 1813 ; le Rhin fut franchi, et deux de leurs armées se dirigèrent sur la **Champagne** : celle de Bohême (Schwartzenberg) marchant par la Franche-Comté et l'Alsace, celle de Silésie (Blücher) par la **Lorraine**, pendant qu'à leur droite, la troisième, commandée par Bernadotte, menaçait la Belgique.

Impuissants à faire tête à une invasion aussi formidable, les faibles détachements de nos maréchaux durent se replier concentriquement sur la Marne, où l'empereur les réunit à **Vitry-le-François**.

Le corps de **Marmont** arriva à **Vitry** le 25 janvier, non sans avoir essayé de disputer aux avant-gardes de **Blücher** les lignes successives de la Sarre, de la Moselle, de la Meuse et de l'Argonne, et, dans cette retraite du Rhin sur la Marne, deux beaux faits d'armes sont à enregistrer à l'honneur de la **division Ricard** : le 4 janvier 1814, aux environs de Coblentz, cette brave division se porta au secours des troupes du général **Durutte**, de l'ancien 7ᵉ corps, qui allaient être enveloppées par l'ennemi et réussit à les dégager ; — un officier du **144ᵉ**, le sous-lieutenant Lera, fut blessé dans cette affaire. — Le 13 janvier, à **Pont-à-Mousson**, en Lorraine, elle mit en complète déroute un parti ennemi de 500 à 600 chevaux.

A Vitry, l'empereur réunit une trentaine de mille hommes et, avec eux, marcha contre Blücher afin de l'empêcher de donner la main sur l'Aube à l'armée de **Schwartzenberg**. Blücher fut attaqué le 27 janvier à **Saint-Dizier**, le 29 à **Brienne** ; mais le **144ᵉ** ne put assister à ces deux combats, la division Ricard ayant été momentanément détachée du corps de Marmont, d'abord sur le flanc gauche de l'armée, aux Islettes, dans l'Argonne, pour surveiller, de concert avec le **10ᵉ** régiment de hussards, la route de Verdun à Châlons, puis sur le flanc droit pour former, avec la division de réserve Dufour. un corps provisoire commandé par le général Gérard.

Il allait, trois jours plus tard, prendre une part glorieuse à la bataille de **La Rothière**.

III. — Bataille de la Rothière
(1er février 1814)

L'affaire du 29 janvier était restée indécise. Après la bataille, les combattants demeurèrent en présence entre Brienne et Bar-sur-Aube; mais Blücher put opérer sa jonction avec l'armée de Bohême; il en reçut d'importants renforts, et, prenant l'offensive à son tour, il attaqua l'Empereur, le 1er février, dans sa position de **La Rothière**.

Cette position de **La Rothière** appuyait sa droite au pont de **Dienville**, sur l'Aube, dont la défense avait été confiée aux divisions **Dufour** et **Ricard**. La première occupait le village et ses abords sur la rive droite du cours d'eau; la seconde, quoique placée en deuxième ligne, avait la garde du pont et la surveillance de la rive gauche. C'est dans cette situation que, vers 2 heures de l'après-midi, elles furent assaillies par tout un **corps d'armée autrichien** aux ordres du général **Giulay**

Une première attaque eut lieu par la rive droite de l'Aube; elle échoua complètement sous les feux nourris de la division Dufour. **Giulay** fit alors passer sur la rive gauche une de ses brigades, commandée par le général **Fresnel**, avec mission de prendre en flanc les défenseurs de **Dienville**, pendant que lui-même renouvellerait son attaque de front.

A son arrivée à hauteur du village, la brigade **Fresnel** trouva devant elle des avant-postes comprenant une centaine d'hommes du 16e léger. Ces avant-postes durent rétrograder, tout en combattant, jusque sur la rive droite de la rivière, où ils s'embusquèrent, balayant de leurs feux le pont et ses abords et empêchant l'ennemi de forcer le passage.

Le brave **Boudin**, l'ancien colonel du **144e**, qui avait été promu général au mois de décembre précédent, était accouru au secours du 16e léger. Comme la nuit commençait à venir, il voulut prendre l'offensive et tenter de déloger les Autrichiens de leurs positions. Il disposa sa brigade en colonne serrée et ordonna la charge; mais les soldats, intimidés par la fusillade, refusaient de se porter en avant, et les exhortations, les menaces du général seraient demeurées vaines sans le dévouement de notre régiment, dont le noble exemple ranima les courages et rappela chacun au sentiment du devoir et de l'honneur.

Le **144ᵉ** se trouvait à la queue de la colonne. Voyant qu'on n'avançait pas, il demanda à passer le premier, prit la tête de la brigade, franchit le pont à la course et se rua sur l'ennemi, entraînant à sa suite tous les autres régiments. Alors un furieux combat eut lieu sur la rive gauche de l'Aube; on se battait à coups de baïonnette, à coups de sabre, on était corps à corps; mais les Autrichiens avaient une telle supériorité numérique que bientôt la brigade dut reculer. Le brave **144ᵉ**, cependant, demeurait aux prises avec l'ennemi, tenant bon toujours, ne voulant pas céder, et il fallut un nouveau retour offensif du général **Boudin**, pour le dégager et le décider à la retraite.

Elle se fit en bon ordre, et, après avoir barricadé le pont, on s'embusqua sur la rive droite le long de la rivière, attendant les Autrichiens de pied ferme et les fusillant dès qu'ils approchaient du passage. Vainement l'ennemi essaya de déloger nos vaillants soldats; leur ferme résistance permit l'entrée en ligne des renforts envoyés de ce côté par le général **Ricard**; toutes les tentatives de l'adversaire furent repoussées, et, finalement, **Fresnel** dut se borner à canonner le village, qu'il eut bientôt incendié, mais sans parvenir à nous en chasser.

Sur la rive droite, Giulay n'avait pas été plus heureux dans ses attaques réitérées, et depuis longtemps la nuit était complète que les divisions **Ricard** et **Dufour** n'avaient pas cédé d'une semelle autour de **Dienville**.

Malheureusement, sur les autres parties du champ de bataille, 80.000 Russes, Wurtembergeois et Bavarois avaient fini par avoir raison des faibles effectifs de nos maréchaux. A 10 heures du soir, la gauche des Français était débordée, au centre le village de **La Rothière** était en feu ; l'empereur envoya l'ordre d'évacuer **Dienville**.

Le **144ᵉ** et tous les braves des divisions **Ricard** et **Dufour** durent. la rage au cœur, abandonner, vers minuit, une position où, pendant près de dix heures, ils étaient demeurés inébranlables, semant autour d'eux la mort dans les rangs ennemis. Ils se replièrent sans échec, le long de l'Aube jusqu'à Lesmont, et, de là, gagnèrent Troyes avec le reste de l'armée.

Notre régiment, dans cette journée, avait vu tomber deux de ses officiers et de nombreux soldats tués ou blessés.

IV. — Bataille de Champaubert
(10 février 1814)

Après **La Rothière**, les deux armées alliées de Silésie et de Bohême s'étaient séparées, pour marcher sur Paris, l'une par la vallée de la Marne, l'autre par celle de la Seine.

Le 10 février, la première s'avançait dans un certain décousu, ses corps échelonnés, depuis Châlons jusqu'à la Ferté-sous-Jouarre, sur les deux routes de la Marne et du Petit-Morin. L'empereur qui, avec sa garde et le corps de **Marmont**, s'était porté de Troyes d'abord à Nogent, puis à Sézanne, guettant l'occasion de se jeter dans le flanc de cette armée, marcha sur **Champaubert** pour lui couper la route du Petit-Morin.

La division Ricard qui, depuis Troyes, avait fait retour au 6ᵉ corps, fut placée à l'avant-garde. Elle franchit le Petit-Morin au point du jour, culbuta un détachement ennemi rencontré aux abords de **Baye**, entra sur ses talons dans ce village, et, sans s'arrêter, poussa de l'avant vers le plateau que couronne celui de Champaubert ; mais, à peine avait-elle commencé a en gravir les pentes, qu'elle tomba sous un feu violent d'artillerie et de mousqueterie : le corps russe du général Olsouwieff, en marche d'Etoges sur Montmirail, avait suspendu son mouvement à l'approche des Français, et s'était mis en position autour de **Champaubert** pour faire face à l'attaque.

Sa résistance ne fut pas longue : tandis qu'à l'est du village les cuirassiers du général **Doumerc** se jetaient sur la gauche des Russes et coupaient leur communication avec Châlons, la **division Ricard**, abordant la position de front, enfonçait la ligne ennemie et pénétrait, la baïonnette basse, dans **Champaubert**.

Expulsés du village après **un violent** combat à l'arme blanche, les Russes voulurent prendre une deuxième position, au nord ouest, dans les bois bordant l'étang du Désert ; mais ils eurent à peine le temps de s'y mettre en ligne : Ricard débouchant directement de Champaubert, Doumerc se rabattant de droite à gauche, fondirent sur eux, et, en un instant, l'infanterie ennemie fut rompue : 1.500 morts ou blessés, 3.000 prisonniers, 20 canons, le général Olsouwieff lui-même, avec tout son état-major, tombèrent entre nos mains. La victoire était complète.

Dans cette glorieuse journée, le **144e** se battit sans trêve d'un bout à l'autre de l'action ; arrivé le premier à **Baye**, le premier il entra dans **Champaubert**, le premier enfin il aborda les bois du Désert, et toujours à la baïonnette ; ce fut le même élan qu'à **Lützen**, la même impétueuse ardeur : les conscrits de 1814 s'étaient montrés les dignes émules des soldats des cohortes, leurs aînés de 1813.

V. — Bataille de Montmirail
(11 février 1814)

Par suite de notre victoire à Champaubert, l'armée de Silésie se trouvait coupée en deux : à droite Blücher, avec deux de ses corps, à gauche les Russes de Sacken au delà de Montmirail, les Prussiens d'York à Château-Thierry.

Laissant le maréchal **Marmont** à Etoges avec la division **Lagrange**, pour observer et contenir Blücher, l'Empereur allait se lancer à la poursuite de **Sacken**. Dès le 10 au soir il dirigea sur **Montmirail** la cavalerie du général **Nansouty**, ainsi que la brigade d'infanterie Calvel, où comptait le **144e**, et lui-même s'y rendit le lendemain avec sa garde et le reste de la **division Ricard**. Mais, à la nouvelle du combat de Champaubert, le corps **Sacken** était revenu sur ses pas, et, en arrivant à Montmirail, l'Empereur dut lui barrer la route.

Il prit position à l'ouest de la ville, l'artillerie et la cavalerie au centre, une division de vieille garde à droite pour observer la direction de Château-Thierry, et à gauche la division **Ricard** tenant à Marchais et Pomesson tout l'espace compris entre la grande route et le Petit-Morin.

Dès le début de la bataille tout l'effort de l'ennemi se porta sur le village de **Marchais**, où se trouvait la majeure partie de la division **Ricard**, notamment le **144**e. Assaillies vers **11** heures du matin par une épaisse colonne d'infanterie, ces troupes, malgré une vigoureuse résistance, furent obligées de reculer jusqu'au **Tremblay**; mais, depuis que la campagne avait commencé, les braves de **Ricard** n'avaient jamais connu que la victoire; ils ne purent se résoudre à un échec, et, revenant à la charge, pendant quatre heures consécutives, ils livrèrent un furieux combat pour reconquérir **Marchais**. « On attaqua et on prit le village jusqu'à » cinq fois, dit le général Ricard dans » son rapport sur la bataille; nous eûmes » des officiers qui se battirent corps à

» corps avec des officiers russes, mais
» nous ne pûmes jamais nous y maintenir
» à cause de l'énorme supériorité des
» forces de l'ennemi, qui ramenait en-
» core des troupes fraîches, lorsque nous
» avions successivement engagé tous les
» corps de ma division. Le village même
» du Tremblay était au moment d'être
» compromis, lorsque l'Empereur, sur
» ma demande, m'envoya un bataillon
» de vieille garde. A son arrivée, je tentai
» un dernier effort qui ne fut pas plus
» heureux que les autres. Mes généraux
» de brigade étaient, l'un blessé, l'autre
» démonté, tous les chefs tués ou bles-
» sés, plus de 60 officiers hors de com-
» bat, et la troupe harassée. Toutefois,
» ce dernier mouvement fut, comme les
» autres, remarquable par l'élan et par
» l'intrépidité de la troupe. »

Tant d'héroïsme ne devait pas être
inutile.

En effet, l'acharnement de la **division
Ricard** à vouloir rentrer dans **Marchais**
obligea **Sacken** à dégarnir son front pour
porter de ce côté la plus grande partie de
ses forces, et permit à l'empereur de prendre l'offensive au centre avec sa garde :
fusillées de front par l'infanterie, chargées
en flanc par la cavalerie, les troupes ennemies demeurées aux abords de la grande

route furent obligées de battre précipitamment en retraite, laissant dans un grave péril celles qui s'étaient engagées sur notre gauche.

Napoléon envoya alors deux bataillons de la jeune garde sur **Marchais** pour aider la **division Ricard** à y rentrer. « Les » débris de ma division, dit le rapport » du général, qui avaient eu une heure » de repos, furent réunis en colonne. » Tout marcha au village aux cris de : » Vive l'Empereur ! sans tirer un coup » de fusil. L'ennemi fut culbuté et rejeté » dans les ravins et les bois qui étaient » derrière ; nous le poursuivîmes la » baïonnette au canon : on leur fit 500 à » 600 prisonniers. »

Cette rentrée de nos soldats dans **Marchais** fut pour les Russes le signal de la déroute : tout ce qui était aventuré entre la grande route et le Petit-Morin fut pris ou tué. En quelques instants, on ramassa 5.000 prisonniers, 6 drapeaux, 30 bouches à feu.

Sacken n'eut d'autre ressource que de franchir la grande route à la faveur de la nuit, pour aller au nord rejoindre le général prussien York, qu'une division française de la vieille garde avait contenu pendant la bataille, et rétrograder avec lui sur Château-Thierry.

Nos troupes couchèrent sur le champ de bataille, le **144ᵉ** avec la **division Ricard** autour de ce village de **Marchais**, dont la possession lui avait coûté tant d'efforts, tant de sang versé.

Honneur à ces soldats dont l'héroïque entêtement avait, au lendemain même de Champaubert, procuré à la France une nouvelle victoire ! Que les noms de **Champaubert et de Montmirail**, inscrits à notre drapeau, consacrént à jamais leur vaillance et leur gloire !

VI. — BATAILLE DE VAUCHAMPS
(14 FÉVRIER 1814)

Au soir de Montmirail, la **division Ricard** ne comptait plus que 800 hommes épuisés par les efforts inouïs déployés dans les batailles du 10 et du 11 février. Elle fut laissée à Montmirail, et le **144ᵉ** n'assista point à la défaite du corps d'York, culbuté le 12 à Château-Thierry, comme l'avaient été, la veille et l'avant-veille, ceux de Sacken et d'Olsouvieff. Par contre, il prit une part active, le 14, à la bataille de **Vauchamps**, qui devait se terminer par la désorganisation complète des deux derniers corps de l'armée de Silésie.

En effet, le 13 au soir, ces deux corps, que dirigeait Blücher lui-même, et qui, jusque-là, étaient demeurés immobiles au delà d'Etoges, avaient fait reculer les troupes françaises chargées de les contenir. Aussitôt, le général **Ricard** se porta au secours de la **division Lagrange**, et prit position avec elle en arrière de Vauchamps, le 14 au matin, pour barrer à l'ennemi la route de Montmirail. Les Prussiens de **Ziethen** tentèrent vainement de le déloger; ils subirent de grandes pertes, et durent se replier sur **Vauchamps**.

A ce moment, l'Empereur, accouru de Château-Thierry, venait d'amener des renforts au maréchal Marmont. Se sentant soutenu, **Ricard** porta ses deux brigades en avant : la première prit à droite par le bois de Beaumont, la deuxième dont faisait partie le **144e**, marcha droit sur Vauchamps, à cheval sur la grande route. Il était 10 heures du matin : on partit à la course, sans répondre au feu de l'ennemi; on pénétra dans le village, et déjà le **144e** allait atteindre la lisière opposée, lorsqu'un retour offensif des Prussiens sur ses derrières obligea nos troupes à abandonner leur conquête. Mais elles ne rétrogradèrent que de quelques centaines de pas, et, après une

heure d'un violent combat de mousqueterie, elles revinrent à la charge avec
l'aide de la cavalerie. Cette fois, le village fut pris définitivement : fusillés et
sabrés dans les rues, débordés d'un côté
par la division **Lagrange**, de l'autre par
les cavaliers du général **Grouchy**, les
Prussiens durent en sortir précipitamment, pour aller se rallier sous la protection d'une division russe que Blücher
venait de faire entrer en ligne.

Les braves régiments de **Ricard** et
de **Lagrange** ne leur en donnèrent pas le
temps : à peine entrés dans Vauchamps,
ils s'élancèrent à la poursuite, poursuite
sans relâche, qui dura quatre heures, et
au cours de laquelle les Russes furent
rejetés en désordre sur les Prussiens, les
positions successives d'arrière-garde en-
levées une à une, l'ennemi, enfin, ramené
jusque dans **Champaubert**.

En arrivant devant cette localité, les
divisions **Ricard** et **Lagrange** étaient à
bout de forces; il fallut les relever et
confier à d'autres le soin d'achever la
victoire. Elle fut complète : chargées en
flanc et à revers par la cavalerie de
Grouchy, les troupes de Blücher parvinrent à grand'peine à **Etoges**; une surprise de nuit acheva de les débander, et
elles n'eurent d'autre ressource que de

s'enfuir sur **Châlons** dans le plus grand désordre, ayant perdu, dans cette seule journée du 14 février, de nombreux canons, plusieurs drapeaux et plus de 10.000 hommes.

VII. — De Montmirail a Meaux
(Du 14 au 27 février 1814)

En cinq jours, Napoléon avait complètement disloqué l'armée de Silésie. Il se porta alors contre l'armée de Bohême en marche sur Paris par la vallée de la Seine, et le corps de **Marmont** fut laissé seul à **Etoges** pour surveiller **Blücher**.

Celui-ci, après avoir rallié et réorganisé à **Châlons** les débris de ses différents corps, se porta un moment de la **Marne** sur l'**Aube**, afin de pouvoir secourir **Schwartzenberg**; puis, apprenant que l'**Armée de Bohême** refusait toute bataille à l'Empereur et avait reculé jusqu'à **Langres**, il abandonna la Champagne pour se diriger vers **Meaux**, d'où il tendrait la main à l'**Armée du Nord** qui s'avançait sur **Soissons** à travers les Ardennes.

Le maréchal **Marmont** avait pu suivre **Blücher** dans son mouvement sur l'**Aube**, en se portant d'Etoges à Sézanne: mais il n'était pas en mesure, avec les quelques milliers d'hommes dont il disposait, de barrer la route de Meaux aux 50.000 qui restaient encore à son adversaire. Le maréchal **Mortier**, après la poursuite d'York, le lendemain de Château-Thierry, s'était arrêté à Soissons. Il lui donna rendez-vous sur la **Marne**, à **La Ferté-sous-Jouarre**, et lui-même se dirigea sur le même point par la vallée du **Grand-Morin**.

Le 26 février, les deux maréchaux étaient réunis à **La Ferté**, et, le lendemain 27, ils gagnaient **Meaux**, où ils se couvraient de la ligne de l'Ourcq.

Dans sa marche de **Sézanne** sur **Meaux**, le corps du maréchal **Marmont** eut à livrer aux troupes de **Blücher** toute une série de combats d'arrière-garde qui firent le plus grand honneur à nos soldats. Le **144**e et la division **Ricard** se distinguèrent particulièrement en défendant, le 25 février, le défilé de **Tourneloup** en avant de **La Ferté-Gaucher**, le 27, le pont de la **Marne** à **Trilport** sur la route de Meaux. Enfin, pendant deux jours, ils résistèrent victorieusement à toutes les tentatives de l'ennemi pour forcer la ligne de l'Ourcq : les alliés furent battus successivement, le 1er mars au **Gué à**

Trémes, le 2 autour de **Lizy**, et, dans cette dernière affaire, un de leurs détachements, qui était parvenu à franchir la rivière, fut, en un clin d'œil, rejeté sur l'autre rive, laissant entre nos mains plus de 300 prisonniers.

VIII. — DE L'OURCQ A L'AISNE
(DU 3 AU 8 MARS 1814)

Pendant que l'armée de Silésie s'épuisait en vains efforts contre la ligne de l'Ourcq, Napoléon avait quitté Troyes et arrivait sur **la Marne**, à **La Ferté-sous-Jouarre**, avec 35.000 hommes.

Arrêté de front par les maréchaux Mortier et Marmont, menacé par l'empereur sur sa gauche et sur ses derrières, Blücher n'avait d'autre ressource que de se jeter à droite vers l'**Aisne** où allaient arriver deux des corps de l'armée alliée du nord, ceux de **Bülow** et de **Wintzingerode**.

Il décampa le 3 mars, après une dernière tentative sur l'Ourcq, à **May-en-Multien**, où la division Ricard dégagea la cavalerie un instant compromise, et culbuta, avec la même vigueur qu'à Vauchamps, ces Prussiens de **Ziethen**, qu'elle avait déjà mis en déroute le 14 février. Les maréchaux le suivirent en queue, tandis que l'Empereur gagnait son flanc droit, et, dans cette même journée du 3 mars, son arrière-garde fut presque complètement détruite à **Neuilly-Saint-Front** par les régiments de **Lagrange** et de **Ricard**. Le 144e se signala par son entrain, dans ce combat, qui coûta à l'ennemi plus de 3.000 hommes.

L'armée de Silésie allait être acculée à **Soissons**, et la place était tenue par une garnison française. Malheureusement **Soissons** capitula après une courte résistance, livrant ainsi aux alliés le passage de l'Aisne. Dans cette circonstance, la faiblesse du général Moreau, qui commandait la place, et était loin « d'avoir épuisé tous ses moyens de défense » eut toutes les conséquences d'une trahison. La résistance, prolongée de vingt-quatre heures aurait rendu inévitable la rencontre, de Blücher et de Napoléon, et l'armée de Silésie eût été jetée dans l'Aisne.

Cette abominable capitulation de Soissons sauva l'armée de Silésie, permit à **Blücher** de franchir l'Aisne, d'opérer sa jonction avec **Bülow** et **Wintzingerode**, et porta à 100.000 hommes l'ensemble des forces dont il allait pouvoir disposer.

Napoléon ne renonça pas, néanmoins,

à lui livrer bataille. Il passa l'Aisne à **Berry-au-Bac**, plus à l'est, et l'attaqua, d'abord, le 7 mars, sur les hauteurs de **Craonne** — le corps de **Marmont**, resté à **Berry-au-Bac**, pour couvrir les derrières de l'armée, ne prit point part à cette affaire — puis le 9 autour de **Laon**, où l'ennemi s'était replié après sa défaite à **Craonne**.

IX. — Bataille de Laon
(9 et 10 mars 1814)

A la bataille de **Laon**, il s'agissait d'enlever la montagne que couronne la ville de ce nom.

Le corps de **Marmont**, grossi d'une division de 4.000 conscrits que le **Duc de Padoue** venait de lui amener de Paris, était à l'aile droite de l'armée française. Il devait déboucher par la route de Reims dans la plaine de **Laon** et aborder par l'est la position ennemie, pendant que l'empereur l'attaquerait par le sud.

Les difficultés qu'eut à vaincre le 6e corps, dans la journée du 9 mars, l'empêchèrent de remplir complètement sa mission.

En descendant des hauteurs de **Festieux**, la division **Padoue**, qui marchait

en tête, avait eu à repousser les charges
répétées d'une nombreuse cavalerie ;
plus loin, on s'était trouvé en présence
des deux corps d'**York** et de **Kleist** soli-
dement établis dans **Athies**, et, avant de
lancer l'infanterie sur le village, il avait
fallu le canonner pendant trois heures ;
enfin, la localité enlevée, alors que déjà
le jour commençait à tomber, on n'avait
pu en déboucher, car des feux violents de
mousqueterie balayaient la plaine, et nos
conscrits étaient incapables d'y répondre :
Avisant l'un d'eux qui restait immobile
au plus fort de l'action sans faire usage
de son fusil, le maréchal **Marmont** lui
demanda : « Pourquoi ne tires-tu pas » ?
— « Je tirerais bien, répondit-il, si quel-
» qu'un voulait me charger mon fusil ; je
» ne sais pas le charger. » — « Et, ajoute
» le maréchal, qui lui-même a raconté
» cet épisode, il resta sous le feu le plus
» violent sans reculer d'une semelle. »

L'inexpérience de ces enfants pleins de
cœur, mais qu'on envoyait au feu avant
de leur avoir rien appris, devait avoir, le
soir même, les plus funestes conséquences.

En effet, la nuit ayant suspendu la bataille, on coucha sur les positions que l'on
occupait. Les soldats du **Duc de Padoue**,
qui se trouvaient en première ligne, ne

surent pas se garder, et, à minuit, une surprise exécutée par les Prussiens d'**York**, avec l'appui de toute la cavalerie alliée, occasionna dans **Athies** une panique, qui faillit gagner tout le 6e corps. Cependant, au milieu du désordre qu'augmentait encore l'obscurité, le **144**e et quelques autres régiments avaient conservé leur sang-froid. Ils prirent position dans un petit bois en arrière d'Athies, pour repousser par le feu l'infanterie ennemie, puis, formant les carrés, reçurent, sans se laisser entamer, les charges furieuses de la cavalerie. L'inébranlable fermeté de ces braves permit aux troupes débandées de gagner les hauteurs de Festieux, où l'on se reforma.

La bataille n'en était pas moins perdue. Privé du concours du 6e corps qui avait été trop éprouvé pour prendre part aux attaques du lendemain et s'était replié sur **Berry-au-Bac**, l'Empereur ne put le 10 s'emparer de Laon. Il fut obligé de rétrograder sur **Soissons**.

X. — Bataille de Reims
(13 mars 1814)

Le 12 mars, l'Empereur apprit que 15.000 Russes ou Prussiens venus des Ardennes, sous la conduite du général de Saint-Priest, étaient entrés dans **Reims**. Il résolut de les en chasser, et, dans ce but, il appela à lui le maréchal **Marmont**.

La jonction des forces de l'Empereur et du 6e corps s'opéra le 13, dans la matinée, et aussitôt on marcha sur **Reims**, par la route de Soissons, la division Ricard en tête, précédée et flanquée par la cavalerie.

L'ennemi avait pris position à l'ouest de la ville, sur les hauteurs de **Tinqueux**, la droite à la **Vesle**, ses avant-postes à **Rosnay**, ses réserves au **faubourg de Soissons**. Les avant-postes se replièrent sans combat; on les poursuivit, et on les atteignit à **Ormes**, où deux bataillons, cernés dans le cimetière, furent obligés de mettre bas les armes.

Ce premier succès obtenu, la **division Ricard** se porta résolument en avant, et, après un combat de deux heures, sous le feu d'une nombreuse artillerie en position au plateau de Sainte-Geneviève, rejeta l'infanterie russe des hauteurs de **Tinqueux** sur le faubourg. Au même moment, les gardes d'honneur de l'Empereur, qui étaient parvenus à tourner la gauche de la ligne ennemie, tombaient dans le flanc de cette infanterie et en précipitaient la retraite.

La **division Ricard** entra dans le faubourg en colonne serrée, le **144e** en tête, et d'abord culbuta tout sur son passage ; mais, arrivée à bonne portée de la **porte de Soissons**, elle fut accueillie par des feux nourris partant d'un retranchement qui fermait la ville de ce côté. En un instant on subit des pertes sérieuses ; il fallut s'abriter, et, comme la nuit étant venue, on ne pouvait se rendre compte de ce que l'on avait devant soi, on demanda du canon pour faire brèche dans le retranchement. Ce canon n'arriva qu'à 11 heures du soir, et pendant cette longue attente le **144e**, qui s'était posté dans les maisons les plus voisines de l'ouvrage, voulut à plusieurs reprises se porter à l'assaut ; on l'en empêcha, l'ordre ayant été donné de ne rien brusquer et d'attendre que la cavalerie ait pu rétablir le pont des Moulins de **Saint-Brice** sur la **Vesle**, pour aller couper à l'ennemi sa retraite sur **Laon**.

Vers minuit, ce pont ayant été rétabli, les alliés lâchèrent pied. La porte de Soissons fut enfin ouverte; le **144e** s'y jeta le premier, et, le premier, pénétra dans **Reims** où, en quelques instants, il fit plusieurs centaines de prisonniers.

A 2 heures du matin, nous étions complètement maîtres de la ville. Les alliés s'enfuirent de toutes parts, laissant près de 6.000 hommes entre nos mains, et, au jour, le 6e corps les poursuivit jusqu'à l'**Aisne**.

Le 14 au soir, la division **Ricard** bivouaquait en arrière de **Berry au-Bac**. Trois jours de repos lui furent accordés pour se réorganiser et se recompléter; mais les gardes nationaux qu'on avait trouvés à **Reims**, et sur qui l'on comptait pour renforcer les régiments, durent être renvoyés, faute de fusils pour les armer : Pas un soldat ne put être ajouté à l'effectif du **144e**, qui ne comprenait plus alors que 23 officiers et 106 hommes !

XI. — Retour en Champagne
(18 et 24 mars 1814)

Au lendemain de la bataille de Reims, l'Empereur s'est porté sur l'Aube pour aller combattre l'armée de Schwartzenberg, qui avait repris l'offensive en Champagne. Les corps de **Marmont**, sur l'Aisne, et de **Mortier**, à **Reims**, sont restés seuls en face de l'Armée de Bohême concentrée autour de Laon.

Le 18 mars, le 6e corps est attaqué de front à Berry-au-Bac par le gros de cette armée, pendant qu'un fort détachement de cavalerie, qui a passé l'Aisne au **gué d'Asfeld**, quelques lieues en amont, descend par la rive gauche sur son flanc droit. Le maréchal **Marmont** est obligé de se replier sur **Fismes**.

La division **Ricard**, après avoir fait sauter le pont de Berry-au-Bac devant les colonnes qui débouchaient par la route de Laon, couvre la retraite du 6e corps. Pendant toute la journée, poursuivie en queue par la cavalerie venue d'Asfeld, menacée en flanc par de l'infanterie qui a franchi la rivière en aval de Berry, elle défend le terrain pied à pied, tantôt formant les carrés, tantôt se déployant en bataille, et livre d'incessants combats, où le 144e, déjà si réduit, voit encore tomber plusieurs de ses soldats. Enfin, elle arrive à **Fismes**, sans s'être laissé entamer, et l'on prend position sur le **mont Saint-Martin**, en arrière de la ville, où dans la soirée on est rejoint par les troupes du maréchal **Mortier**.

Là, les deux maréchaux apprennent qu'au lieu de se diriger sur Paris, **Blücher**, avec la masse de ses forces, marche sur **la Champagne**, dans le but de se joindre à **Schwartzenberg**. Eux-mêmes vont chercher à se rapprocher de l'Empereur.

Ils quittent **Fismes** le 20 au soir, gagnent **Château-Thierry** par une marche de nuit, et prenant leur direction, entre la **Marne** et l'**Aube**, d'abord sur **Châlons**, puis sur **Vitry-le-François**, ils arrivent sur la **Soude** le 24, après avoir traversé les champs de bataille où, quinze jours avant, le brave 144e avait conquis les lauriers impérissables de **Champaubert** et de **Montmirail**.

Mais, sur la **Soude**, on se trouve en présence de forces considérables : **Blücher** et **Schwartzenberg** viennent d'opérer leur jonction, et se disposent à marcher de **Châlons** et de **Vitry** sur **Paris**, par les deux routes du **Petit** et du **Grand-Morin**, précédés par plus de 20.000 cavaliers.

XII. — Combat de Fère-Champenoise
(25 mars 1814)

Le 6e corps a devant lui l'armée de Bohême tout entière, et, le 25 mars, aux premières lueurs du jour, il est attaqué par une nuée de cavaliers qu'appuient des masses compactes d'infanterie.

La retraite s'impose. Elle se fait vers l'ouest, dans la direction de **Paris**; mais le 6e corps rétrograde en bon ordre, abritant sa faible cavalerie derrière des carrés d'infanterie, s'arrêtant à chaque pli de terrain pour mitrailler l'ennemi; et c'est dans ces conditions, après sept heures de marche à travers champs, sept heures pendant lesquelles les régiments du général **Ricard**, et au premier rang le **144e**, n'ont pas un instant cessé de combattre, qu'il parvient à atteindre, entre les ravins de **Vassimont** et de **Connantray**, à l'est de **Fère-Champenoise**, une position où peut-être il lui sera possible de barrer aux alliés la route de **Paris**. On s'y reforme, on s'y établit, et, un moment, nos canons ripostent avec avantage aux pièces légères de la cavalerie adverse.

Malheureusement, une violente giboulée survient qui fouette de front la ligne française; il grêle avec force, on ne se distingue plus à trois pas. Des escadrons ennemis réussissent à tomber, sans avoir été aperçus, dans le flanc du corps **Mortier**, placé à notre gauche, et, en un instant, les troupes de ce maréchal sont culbutées pêle-mêle dans le ravin de **Connantray**, où elles s'entassent dans le plus grand désordre, interceptant le passage à notre cavalerie qui se repliait sur **Fère-Champenoise**. Ce douloureux événement est le signal, pour les alliés, d'une reprise générale de l'offensive; de toutes parts ils commencent à gravir les pentes de **Vassimont**; le péril est immense.

Cependant, la **division Ricard** est demeurée impassible dans la tourmente, et lorsque enfin le ciel s'éclaircit, on la retrouve inébranlable à son poste; par les feux alternés de ses deux brigades elle sème la mort autour d'elle, reçoit la baïonnette basse les charges désespérées des survivants, et ne quitte ses positions qu'après avoir, par son sang-froid et son admirable fermeté, permis aux deux maréchaux de rallier tout leur monde de l'autre côté du ravin de **Connantray**.

Mais là, un nouvel incident semble devoir, encore une fois, tout compromettre : à peine la brigade Clavel (2ᵉ et 9ᵉ légers, 138ᵉ et 144ᵉ de ligne), qui formait le dernier échelon de la division Ricard, vient-elle de traverser le ravin à son tour, qu'à l'apparition de quelques coureurs ennemis, débouchant sur notre droite, une terreur panique saisit nos malheureuses troupes. De nouveau elles se débandent, fuyant sur **Fère-Champenoise**, et la déroute menace d'avoir les conséquences les plus graves, lorsque le général **Clavel**, dont la brigade s'est ralliée en un clin d'œil, fait former le carré et en impose à l'ennemi par la belle contenance de ses régiments : grâce au **144ᵉ** et au **138ᵉ**, un régiment de marche de grosse cavalerie, qui rejoignait l'armée, peut déboucher de **Fère-Champenoise** et parvient à dégager définitivement les corps des maréchaux **Mortier** et **Marmont**.

Pour la deuxième fois, dans cette journée, le général **Ricard**, ses vaillants soldats, le brave **144ᵉ** viennent de sauver l'armée. A la nuit, celle-ci est ralliée à mi-chemin entre **Fère-Champenoise** et **Sézanne** sur des hauteurs difficilement accessibles à la cavalerie et où elle peut enfin prendre quelques heures de repos.

XIII. — Retraite définitive sur Paris
(Du 26 au 29 mars 1814)

Pendant qu'à **Fère-Champenoise** les corps de **Mortier** et de **Marmont** se battaient, un contre dix, avec les troupes de **Schwartzenberg**, à quelques kilomètres plus au nord, 5.000 gardes nationaux, venus de Paris, sous le commandement du général **Pacthod**, étaient tombés au milieu des masses de **Blücher** et s'étaient fait massacrer héroïquement plutôt que de se rendre.

Mortier et **Marmont** allaient avoir sur les bras les deux armées réunies de Bohême et de Silésie. Malgré tout le courage de nos soldats, la lutte n'était plus possible, et, le 26 mars, à 2 heures du matin, ils battent définitivement en retraite, pour tâcher de gagner la Marne par la route du Grand-Morin.

La division **Ricard** est à l'arrière-garde, vivement pressée par l'armée de Bohême, qui a repris immédiatement la poursuite, et, tout le jour, le **144e** est de nouveau aux prises avec la cavalerie qu'il avait si vaillamment combattue la veille.

A Montils, près de La Ferté-Gaucher,

le général **Ricard** contient cette cavalerie jusqu'au soir ; mais, à **La Ferté** même, le maréchal **Mortier**, qui marchait en tête, s'est trouvé en présence de deux des corps de l'armée de Silésie, descendus de Château-Thierry pour nous barrer la route, et il ne parvient pas à forcer le passage.

Par suite de cet insuccès, nos malheureuses troupes sont obligées de se jeter à travers champs en pleine nuit, pour se diriger sur Provins, plus au sud, où enfin la route est libre devant elles jusqu'à **Paris**. Le 29 au soir, elles passent la **Marne** au pont de **Charenton**, et bivouaquent autour de Vincennes, aux portes de la capitale.

En arrivant sous **Paris**, le **144e** ne comptait plus qu'une poignée d'hommes. Pendant ces trois mois où le régiment avait lutté héroïquement pour la défense du sol de la patrie, la plupart de ses soldats étaient morts au champ d'honneur, ou bien, épuisés par les fatigues surhumaines de marches incessantes à travers des terrains détrempés ou par des chemins défoncés, étaient tombés sur place, ayant encore le courage de maudire leur faiblesse. Ceux qui restaient étaient dénués de tout, mourant de faim, sans souliers, les vêtements en lambeaux ; mais à Paris, on ne put rien leur donner que des munitions, et c'est pieds nus, sans avoir mangé, que le lendemain ces braves gens se battirent une dernière fois pour le salut de la France et l'honneur du drapeau.

XIV. — Bataille de Paris
(30 mars 1814)

Les alliés ont passé la Marne à Meaux et marchent sur Paris.

Le 20 mars, les corps de Mortier et de Marmont, renforcés par quelques milliers de recrues et de gardes nationaux, dont beaucoup n'ont d'autre arme que des piques, tentent d'arrêter l'ennemi, en occupant les hauteurs qui couvrent la capitale sur la rive droite de la Seine.

Le 6ᵉ corps, chargé de la défense du plateau de Romainville, au nord-est, a devant lui l'armée de Bohême tout entière, qui a débouché la première sur le champ de bataille entre l'Ourcq et la Marne. De 6 heures à 11 heures du matin, il la contient sur tout son front à l'aide de ses seules troupes de première ligne ; la division Ricard, tenue en réserve au Parc des Bruyères, ne prend pas une part directe à cette phase de la bataille. Mais à 11 heures, l'armée de Silésie commence à se montrer dans la plaine Saint-Denis, entre l'Ourcq et la Seine, marchant sur La Villette et les hauteurs de Montmartre, qu'occupe le corps Mortier ; son apparition est le signal d'une reprise générale des attaques par l'armée de Bohême, et bientôt **Marmont** se voit enlever les différents points d'appui qu'il avait tenus jusque-là en avant du parc des Bruyères.

Le maréchal, alors, appelle à lui la **Brigade Clavel** ; il la forme en colonne d'attaque, le **144**e en tête, et s'élance avec elle contre le centre de la ligne ennemie. Vain effort, inutile sacrifice ! Les Russes étaient trop. En un instant, la mitraille met le désordre dans nos rangs, Marmont a un cheval tué sous lui, le général **Clavel** est blessé et fait prisonnier ; abordés de front par les grenadiers russes, chargés en flanc par les chevaliers-gardes, accablés par le nombre, nos vaillants soldats luttent corps à corps pour essayer de se dégager. Tous auraient péri sans l'intervention du colonel **Ghesseler** qui, débouchant du parc des Bruyères avec 200 hommes, se jette sur les derrières des grenadiers russes, et, par ce coup d'audace, permet à la **Brigade Clavel** de gagner le

parc Saint-Fargeau, où elle se reforme sous la protection de nos régiments de première ligne.

Ceux-ci opposent à l'ennemi la plus vive résistance ; cependant, devant les attaques furieuses d'un assaillant dont le nombre s'accroît sans cesse par l'arrivée de nouveaux renforts, ils sont obligés d'abandonner le parc des Bruyères. Le **parc Saint-Fargeau** est évacué à son tour, après un brillant combat où deux des officiers du 144e sont blessés, et, finalement, le 6e corps en entier vint converger autour de **Belleville**, d'où l'on commande tout le plateau de Romainville et qui est comme la clef de la position.

A Belleville, on se défend avec l'énergie du désespoir, et il semble que jamais, malgré leur immense supériorité numérique, les alliés ne pourront avoir raison de la bravoure de nos soldats. Mais, tandis qu'on s'y bat furieusement jusque dans les rues du village, deux colonnes ennemies ont tourné la position par le sud et par l'ouest ; elles viennent se donner la main au boulevard extérieur de Paris sur nos derrières ; le 6e corps va se trouver complètement enveloppé.

Il est 3 h. 30. Le moment est venu de tenter un suprême effort : 300 hommes environ, et parmi eux tout ce qui reste du **144**e, fondent, la baïonnette basse, **sur** les grenadiers russes, qui déjà pénétraient dans **Paris** même, les culbutent, les dispersent, ferment sur eux la **barrière du Temple**, et rétablissent la défense au mur d'octroi.

Cette trouée d'une poignée d'hommes à travers les rangs serrés de toute une division ennemie fut le dernier acte, glorieux entre tous, du vaillant **144**e de 1813 et 1814 : une suspension d'armes venait d'être signée, bientôt suivie d'une convention militaire, qui devait mettre fin à la bataille de Paris, amener l'abdication de l'Empereur et terminer la guerre.

Le Régiment, réduit à dix officiers et trente-neuf hommes, fut conduit à **Versailles**, et, de là, **en Normandie**, où, le 15 juillet 1814, il fut licencié pour aller concourir avec le dépôt à la formation du 50e, devenu lui-même, peu après le 56e de ligne.

A cette même date du 15 juillet 1814, les **cadres restés en excédent** lors de la fusion du **144**e en un seul bataillon, après la campagne de 1813, furent versés au 23e de ligne.

Ces cadres, partis de Mayence, vers la fin de novembre 1813, sous la conduite du commandant Gilbert, pour rallier le dépôt du corps d'abord à Châlon-sur-

Saône puis à Auxonne, étaient tombés, en Bourgogne, au milieu des troupes que les alliés avaient laissées sur leurs derrières pour assurer leurs communications et bloquer nos places fortes. A diverses reprises ils avaient eu à combattre, et ils s'étaient distingués notamment le 12 janvier 1814 en défendant Châlons avec l'aide de quelques gardes nationaux ; le 15 du même mois à Saint-Jean de-Losne où ils disputèrent vaillamment à l'ennemi le passage de la Saône, enfin à Auxonne, où, avec notre dépôt, ils parvinrent à contenir les alliés dans leurs lignes d'investissement autour de la place jusqu'à la fin de la campagne.

LE 144ᵉ D'INFANTERIE ACTUEL
(1873-1898)

Après la campagne de 1814, l'histoire du **144ᵉ** présente de nouveau une lacune de près de soixante ans.

Le régiment ne fut reconstitué qu'en **1873**, en même temps que dix-sept autres, numérotés de 127 à 143, afin de permettre l'organisation complète et uniforme des dix-huit corps d'armée que l'on venait de créer en France, et qui devaient comprendre chacun :

Deux divisions,
Quatre brigades,
Huit régiments d'infanterie.

Il fut formé à Bordeaux, le 29 octobre 1873, par la réunion, sous le commandement de M. le lieutenant-colonel **Cailliot**, devenu plus tard général de division et membre du conseil supérieur de la guerre, de 3 compagnies prises dans chacun des 6ᵉ, 18ᵉ, 34ᵉ, 49ᵉ, 53ᵉ, 57ᵉ et 123ᵉ régiments d'infanterie du 18ᵉ corps.

Depuis cette époque, le **144ᵉ** fait partie de la **70ᵉ** brigade, de la **35ᵉ** division, du 18ᵉ corps d'armée.

Il n'a pris part à aucune action de

guerre; mais, pendant près de huit ans, de juillet 1881 à février 1888, un de ses bataillons, détaché en **Algérie**, dans le **Sud-oranais**, a constamment vécu de la vie de campagne, et ses soldats, campés le plus souvent sur un sol inhospitalier, à proximité de tribus rebelles, ont montré, par leur endurance, leur entrain, leur vigilance, qu'ils étaient capables de maintenir haut et ferme le drapeau du régiment.

HISTORIQUE ET DRAPEAU DU 144ᵉ D'INFANTERIE

L'Historique de notre Régiment fait revivre notre passé, relie jusqu'à nous la chaîne de nos glorieuses traditions, nous montre nos aînés dans la bonne et la mauvaise fortune, et nous lègue en héritage les exemples d'honneur, de dévouement et d'héroïsme, qu'ils nous ont donnés.

Nous voyons ceux d'il y a trois siècles, du régiment du **Fouilloux** (144ᵉ), levé en Saintonge en 1572 sous Charles IX, assiéger, en janvier 1573, avec le duc d'Anjou (plus tard Henri III) La Rochelle, que défendaient les protestants révoltés commandés par François de Lanoue, et qui fut prise le 27 juin 1573.

Puis ceux d'il y a deux siècles, des régiments de **Villemort**, de **Montboissier**, de **Longuerue** et d'**Hugues** (144ᵉ), durant la guerre de la Succession d'Espagne (1701-1713) sous Louis XIV, luttant dans les Pays-Bas et les Flandres contre les alliés (Autrichiens, Anglais, Hollandais) commandés par le prince Eugène de Savoie et le duc de Marlborough, se signalant en mai et juin 1710 à la défense de Douai avec l'héroïque chevalier de **Vincel**, terminant enfin cette rude et longue guerre par la victoire de **Denain** sur l'Escaut (24 juillet 1712) du maréchal de Villars sur le prince Eugène.

Puis ceux d'il y a un siècle et demi, du régiment d'**Horion** (144e), sous Louis XV, prenant part à la guerre de Sept ans (1756-1763) contre les Anglais et les Prussiens, et notamment au combat de **Clostercamp** en Allemagne (16 octobre 1760), où s'immortalisa le chevalier d'**Assas**.

Puis ceux d'il y a un siècle, de la **144e** demi-brigade de bataille, avec **Martinet** pour chef de corps, formée en mai 1794 à Laval des 7e et 10e bataillons des milices d'Orléans et d'un bataillon du 78e d'infanterie et opérant en **Vendée** sous les ordres du général Hoche, pacificateur de cette région (1794-1796).

Enfin, ceux d'il y a trois quarts de siècle, du **144e** d'infanterie avec le colonel **Boudin de Roville**, formé en mars 1813 de volontaires venus des cohortes, conscrits n'ayant jamais vu le feu, d'une instruction militaire à peine ébauchée, mais conscrits pleins de cœur et d'honneur, se groupant autour du drapeau, « suppléant à tout par la bonne volonté et la bravoure », au jugement même de Napoléon Ier, et prouvant ainsi que la force morale prime toutes les autres.

Quel baptême du feu ils reçoivent à **LUTZEN**, en Saxe, le 2 mai 1813, avec la division Ricard, enlevant à la baïonnette, à deux reprises successives, le village de **Kaya**, que défendait avec acharnement la garde prussienne !

Quelques jours après, le 21 mai 1813, à **BAUTZEN**, en Saxe, avec quelle intrépidité ils chassent les Prussiens de Blücher des villages de **Preititz** et de **Purschwitz** !

De quel sang-froid et de quelle cohésion ils font preuve, le 26 août 1813, sur les bords de la **Katzbach**, en Silésie, impassibles au milieu du désordre de la bataille et des éléments déchaînés, intrépides à l'arrière-garde pour sauver la retraite de l'armée !

Quelle ténacité de leur part dans cette « bataille des Nations » à **Leipzig**, les 18 et 19 octobre 1813, où, cramponnés au village de **Schonfeld**, ils défient les assauts répétés des Prussiens et des Suédois !

Après avoir traversé l'Allemagne entière en vainqueurs, épuisés, décimés par les combats, les marches de jour et de nuit, les fatigues et les privations de cette campagne, quand sous l'effort sans cesse renouvelé d'une coalition sans pareille de toute l'Europe, la victoire abandonne nos drapeaux, ils se dévouent pour le salut de l'armée dans un sublime élan de sacrifice et d'abnégation. Ils tentent encore un dernier effort sur **Hanau-sur-le-Mein**, les 30 et 31 octobre 1813, contre les Austro-Bavarois, et s'en emparent avec le maréchal Marmont.

De 4.000 hommes qu'il était à la formation, l'effectif est réduit en six mois à 150 combattants dont 22 officiers ! Une centaine de conscrits de 18 à 19 ans, enrôlés avant l'âge et sans aucune instruction militaire, viennent le renforcer, et c'est cette poignée de braves, qui, pendant trois mois encore, va supporter dans la campagne de France des épreuves plus dures qu'en Allemagne, lutter contre cette formidable invasion de l'Europe coalisée, et prendre part sans relâche ni répit, à « soixante-sept batailles, combats ou engagements », (ainsi que le constata plus tard un ordre du jour du maréchal Marmont) et notamment :

Près de **Coblentz**, sur le Rhin, le 4 janvier 1814, contre les avant-gardes prussiennes de Blücher ;

A Pont-à-Mousson sur la Moselle, le 13 janvier 1814, contre 600 cavaliers ennemis ;

A la **Rothière**, le 1er février 1814, ou, avec la division Ricard, le 144º défend pendant dix heures le pont de Dienville sur l'Aube contre les Autrichiens de Giulay;

A CHAMPAUBERT le 10 février 1814, où, formant l'avant-garde avec la division Ricard, il s'immortalise en fonçant sur les Russes d'Olsouwieff qu'il fait prisonnier avec son état-major, 3.000 hommes et 20 canons;

A MONTMIRAIL, le lendemain 11 février 1814, où, toujours avec la division Ricard, pleine d'élan et d'énergie, il reprend cinq fois aux Russes de Sacken le village de **Marchais** et s'y installe enfin la sixième fois, en y ramassant 5.000 prisonniers, 30 canons et 6 drapeaux;

A **Vauchamps**, le 14 février 1814, où sont culbutés les deux derniers corps de Blücher, l'un sur l'autre;

Au défilé de Tourneloup, près la Ferté-Gaucher, le 25 février 1814;

Au pont de **Trilport** sur la Marne, le 27 février 1814;

Au **Gué à Trêmes** sur l'Ourcq, le 1er mars 1814;

A **Lizy-sur-Ourcq**, le 2 mars 1814;

A **May-en-Multien** et à **Neuilly-Saint-Front**, le 3 mars 1814;

A la bataille de **Laon**, le 9 mars 1814;

A l'avant-garde de la marche sur **Reims**, le 13 mars 1814; à **Ormes**, à **Tinqueux** et à la porte de Soissons à **Reims**, où le 144e entre le premier, mais réduit à 23 officiers et 106 hommes;

A **Berry-au Bac**, le 18 mars 1814, où il fait sauter le pont sur l'Aisne, et avec la division Ricard couvre la retraite de l'armée en défendant le terrain pied à pied jusqu'à Fismes et au mont Saint-Martin;

Dans la marche de nuit de Fismes sur Château-Thierry, les 20 et 21 mars 1814;

Sur la **Soude**, le 24 mars 1814, où il est assailli par une nuée de cavaliers de l'armée de Bohême (Schwartzenberg) et de l'armée de Silésie (Blücher);

A **Fère Champenoise**, le 25 mars 1814, où, malgré un violent ouragan qui l'aveugle et un ennemi dix fois supérieur en nombre, le 144e, avec la brigade Clavel (division Ricard), demeure inébranlable, forme le carré, fait tête à l'ennemi et sauve la retraite;

A **Montils**, le 26 mars 1814, en arrière-garde avec la division Ricard;

Enfin, sous **Paris**, le 30 mars 1814, en avant du **Parc des Bruyères** sur le plateau de **Romainville**, puis sur les hauteurs de **Belleville** et à la barrière du **Temple** où le 144e, avec opiniâtreté, tente un dernier effort.

Quelles épreuves, quelles luttes acharnées et quel indomptable courage jusqu'au bout ! Jamais ces « conscrits » n'ont désespéré de la Patrie ; toujours ils sont restés fidèles au drapeau.

Voilà nos modèles : soyons-en fiers, soyons-en dignes !

Honneur à tous ces **Braves**, nos aînés. Vénération à tous ceux qui sont tombés au **Champ d'Honneur**, tués ou blessés, et à ceux dont les noms figurent à notre **Livre d'Or** !

Aussi est-ce avec justice que ces deux grands mots :

HONNEUR ET PATRIE

sont tracés en tête de notre drapeau ; car c'était pour l'**Honneur du Drapeau** et la **Défense de la Patrie** que ces valeureux soldats se dévouaient sans réserve ; et c'est bien, en vérité, au prix de leur sang qu'ils ont inscrit ces quatre noms de batailles :

LUTZEN, BAUTZEN, CHAMPAUBERT, MONTMIRAIL

qui resplendissent en lettres d'or sur notre drapeau !

Tel est notre historique à travers l'histoire de notre nation ; tels sont les champs de bataille arrosés du sang des nôtres; tels sont nos titres de noblesse ; tel est le patrimoine sacré du 144e d'infanterie.

Quand notre drapeau nous apparaît, c'est tout ce passé qui revit à nos yeux, c'est cet héritage de vertus et de patriotisme, légué par nos devanciers, que nous saluons avec émotion et fierté.

Nous avons le devoir de le garder intact, et, s'il est possible, d'en accroître l'éclat.

Si la patrie faisait appel à notre valeur sur le champ de bataille, c'est à nous qu'il appartiendrait d'inscrire un cinquième nom sur notre drapeau ; car l'honneur et la gloire de notre drapeau, c'est notre propre honneur, notre propre gloire.

Notre drapeau est pour nous l'image de la patrie, le symbole de l'honneur militaire, le signe du ralliement au combat. Il nous rappelle le sol natal, les champs de notre enfance, le foyer de notre famille, les tombes de nos aïeux, toutes nos plus chères et saintes affections.

Partout où il flotte, bat le cœur de la France ! Quand nous le saluons, c'est la France que nous saluons !

Honte au lâche qui l'abandonnerait!
Infamie à celui qui le livrerait!

A la vue de notre drapeau, nos cœurs battent à l'unisson pour lui prêter serment d'amour et de fidélité, et jurer de tout sacrifier, jusqu'à la dernière goutte de notre sang, pour sa défense et son honneur!

Le Colonel,

F. QUÉVILLON.

HISTORIQUE

DU

144ᵉ RÉGIMENT D'INFANTERIE

———

ANNEXES

LISTE DES COLONELS

qui se sont succédé dans le commandement du Régiment depuis sa formation jusqu'à nos jours.

Régiments de l'ancienne Monarchie (144ᵉ)

1	DE MEAUX DU FOUILLOUX......	1572-1574
2	Marquis DE BOUEIX DE VILLE-MORT.....................	1702-1705
3	Marquis DE MONTBOISSIER-BEAUFORT...................	1705-1710
4	DE LONGUERUE................	1710-1713
5	Marquis DE LA MOTHE D'HU-GUES.......................	1713-1714
6	COMTE D'HORION...............	1757-1762

144ᵉ demi-brigade de bataille.

7	MARTINET....................	1794-1796

144ᵉ régiment d'infanterie.

8	BOUDIN DE ROVILLE	1813
9	RUELLE.....................	1813-1814
10	CAILLIOT...................	1873-1879
11	JOPPÉ.....................	1879-1881
12	BERNARD...................	1881-1888
13	MIGNOT	1888-1893
14	DE GEYER D'ORTH............	1893-1897
15	QUÉVILLON.................	1897-

LISTE

DES

OFFICIERS DU RÉGIMENT

**Morts au champ d'honneur,
Blessés ou Cités à l'ordre de l'armée
pendant les campagnes de 1813 et 1814.**

BOUDIN DE ROVILLE, colonel. — Biscaïen au bras et au côté gauche à Lützen (2 mai 1813).

VUATRIN, chef de bataillon. — Tué à Bautzen (21 mai 1813).

REISSEMBACH, chef de bataillon. — Coup de feu au pied droit à Hanau (30 octobre 1813).

GILBERT, chef de bataillon. — Coup de feu à la cuisse gauche à Lützen (2 mai 1813). Cité pour sa bravoure à Lützen ; s'est signalé à Auxonne, où il a enlevé onze hommes et trente chevaux à l'ennemi en faisant sauter le pont de Saint-Jean-de-Losne (14 janvier 1814).

CHAILLOT, chef de bataillon. — Blessure à la jambe gauche à Leipzig (19 octobre 1813).

CHANTRE, capitaine adjudant-major. — Coup de feu à la cuisse gauche à Lützen (2 mai 1813). Contusion à Bautzen (21 mai 1813) ; cité à l'ordre à la suite de la bataille de Lützen.

DUPRÉ, capitaine adjudant-major. — Coup de feu à la jambe gauche à Lützen (2 mai 1813).

Cavallier, chirurgien aide-major. — Coup de lance à l'épaule gauche le 8 octobre 1813.

Tarissan, capitaine. — Coup de feu au genou droit à Lützen (2 mai 1813). Trois coups de feu à Leipzig (19 octobre 1813); cité à l'ordre de l'armée pour sa conduite à Lützen : « Enleva vigoureusement sa compa- » gnie, tomba à la baïonnette sur une colonne » russe marchant sur Kaya, la refoula en » désordre et lui fit 200 prisonniers. »

Toytot, capitaine. — Balle restée dans la poitrine à Lützen (2 mai 1813). Trois coups de feu à Leipzig (19 octobre 1813).

Ladan, capitaine. — Tué à Lützen (2 mai 1813).

Couret, capitaine. — Tué à Lützen (2 mai 1813).

Heintz, capitaine. — Coup de feu au talon droit à Lützen (2 mai 1813).

Valat, capitaine. — Coup de feu au pied gauche à Lützen (2 mai 1813).

Azéma, capitaine. — Coup de feu au bras gauche à Lützen (2 mai 1813).

Mallet, capitaine. — Coup de feu à la jambe droite à Lützen (2 mai 1813).

Anguille, capitaine. — Contusion au teton gauche à Bunzlau (27 août 1813). Coup de sabre à la tête à Brienne (29 janvier 1814).

Génin, capitaine. — Coup de lance à l'es- tomac à Lützen (2 mai 1813).

Loubens, capitaine. — Coup de feu à la tête à Lützen (2 mai 1813).

Lacaze, capitaine. — 7 blessures (sans ren- seignements).

Brouhonnet, capitaine. — Coup de feu à

la région lombaire à Bautzen (21 mai 1813).

Fronge, capitaine. — Coup de feu au côté gauche à Leipzig (19 octobre 1813).

Lemaire, capitaine. — Coup de feu à Yung-Bunzlau (27 août 1813).

De Lussy, capitaine. — Jambe gauche cassée à Lützen (2 mai 1813).

Lesueur, capitaine. — Coup de feu à la cuisse droite à Leipzig (19 octobre 1813).

Grangien, capitaine. — Coup de feu à la jambe droite à Paris (30 mars 1814).

Estrampe, lieutenant. — Blessé à Lützen (2 mai 1813).

Fouques, lieutenant. — Coup de feu à Lützen (2 mai 1813).

Pinet, sous-lieutenant. — Blessé au ventre à Lützen (2 mai 1813).

Larnaud, sous-lieutenant. — Coup de feu à Leipzig (19 octobre 1813).

Tizacs, sous-lieutenant. — Coup de sabre et coup de feu à Fère-Champenoise (25 mars 1814).

Jaubert, sous-lieutenant. — Coup de feu au genou droit à Lützen (2 mai 1813).

Daban, sous-lieutenant. — Coup de feu à la jambe droite à Lützen (2 mai 1813). Coup de feu à la cuisse gauche à Bautzen (21 mai 1813). Ecrasement d'une partie à Dienville (La Rothière, le 1er février 1814).

Maillard, sous-lieutenant. — Coup de feu à Leipzig (19 octobre 1813).

D'Annons, sous-lieutenant. — Coup de feu à la jambe gauche à Leipzig (19 octobre 1813).

Lera, sous-lieutenant. — Coup de feu à la jambe gauche le 4 décembre 1813.

LE 144ᵉ ET LA BRIGADE BOUDIN

A LA BATAILLE DE LA ROTHIÈRE

LE 1ᵉʳ FÉVRIER 1814

Extrait des Mémoires du maréchal de camp
BOUDIN DE ROVILLE.)

L'ennemi, après l'échec qu'il reçut à
Brienne, se retira sur Bar-sur-Aube et y rejoignit les différents corps de l'armée russe
et autrichienne qui arrivaient successivement. Nous restâmes deux jours à Dienville
dans un repos parfait ; je logeais chez le juge
de paix et nous jouissions du repos, faisant
de la musique, comme si l'ennemi n'avait pas
été à une portée de canon de nous. Le 1ᵉʳ février, jusqu'à midi, nous fûmes tranquilles,
toutes les troupes de l'Empereur étaient réunies, et nous passâmes sous les ordres du
général Gérard, le duc de Raguse étant resté
en arrière avec la forte portion de son corps
d'armée pour couvrir les mouvements du
corps principal ; mais à midi, les alliés, avec
des forces considérables, descendirent dans
les plaines de La Rothière. La bataille était
imminente, l'Empereur fit ses dispositions

et nous fûmes placés en seconde ligne. Nous ne prîmes donc aucune part à l'action, formant la réserve.........................
....

Le combat se prolongeait dans la plaine, et nous étions toujours l'arme au bras, appuyant notre droite à l'Aube et à Dienville. Ce village est séparé par la rivière. La plus forte partie est sur la rive droite et il n'y a que quelques maisons sur la rive gauche, qui est dominée par des hauteurs. Un pont traverse l'Aube et unit les deux parties. J'avais pris la précaution de placer en avant-poste au delà du pont et sur la hauteur cent hommes du 16ᵉ léger, afin de donner l'éveil et de donner le temps d'aller au secours et à la défense du pont. La précaution n'était point inutile, car, pendant l'action, l'ennemi avait passé l'Aube au pont d'Unienville et s'avançait sur Dienville avec l'intention de forcer le passage ; alors il se serait trouvé sur nos derrières, et Dieu sait quels désastres auraient pu en survenir, peut-être une déroute complète. La nuit commençait à venir, lorsque j'entendis les coups de fusil multipliés du détachement du 16ᵉ léger que j'avais placé de l'autre côté du pont. Il n'y avait pas de temps à perdre. Je demandai au général Ricard la permission de m'y rendre avec ma brigade. « Non, me dit-il, ce n'est point vous, mais le général Jarry qui est chargé de la défense du pont, allez dans la plaine et vous le trouverez en marche avec sa brigade. » Je poussai mon cheval et je ne tardai point à rencontrer le général Jarry, mais il marchait si lentement que je jugeai que l'affaire serait perdue avant son arrivée; je revins au galop, et cette fois le général Ricard me permit d'aller au pont avec ma troupe. Lorsque j'arrivai, le 16ᵉ léger avait été repoussé, il se défendait sur la rive droite, empêchait les abords du pont; ma présence rétablit sa confiance. Je fis toutes mes dispositions, établissant des tirailleurs dans toutes les maisons voisines que je fis creuser Pendant toutes ces dispositions, la nuit survint et je n'étais éclairé que par la vive fusillade que l'ennemi dirigeait sur moi de la rive gauche de l'Aube, et même dans l'église qui se trouvait en face du pont. Je résolus de faire une attaque pour savoir à qui j'avais à faire et si je ne pourrais pas déloger l'ennemi. Je disposai ma troupe en colonne serrée, je me mis à la tête et j'ordonnai la charge. Mais les soldats intimidés par la fusillade ne voulurent pas avancer, j'eus beau faire tous mes efforts, adresser prières, menaces, exhortations, rien n'y faisait. La colonne ne bougeait pas. Irrité de cette résistance, je m'avance seul avec un brave officier polonais; exemple inutile : ils me laissent aller au péril, sans faire un seul pas en avant. Dans cet état de stagnation, un officier de mon ancien régiment, le 144ᵉ, qui se trouvait par l'ordre de son numéro à la queue de la colonne, vint à moi et me dit : « Mon général, votre ancien régiment demande à passer le premier. » Je saisis l'occasion, je fais faire place au 144ᵉ, je le place en tête de la colonne et j'ordonne le mouvement en avant; alors tout le suit, nous franchissons le pont, et, bientôt à l'autre bord, nous sommes aux prises avec des masses d'Autrichiens; on se bat à coups de baïonnette, à coups de sabre, on est corps à corps, mais nous n'étions point en nombre suffisant, nous sommes refoulés sur le pont; toute ma colonne se met en retraite, à l'exception du 144ᵉ qui se trouva tellement aux prises qu'il ne put faire retraite. Je voyais, du milieu du pont, les soldats se sauver sur la rive gauche en descendant l'Aube comme des ombres qui s'échappaient. Je fis un nouvel effort, je déterminai ma colonne à se reporter encore une fois en avant; je parvins à dégager le 144ᵉ qui se rallia à moi, et alors nous fîmes notre retraite en ordre et nous revînmes prendre notre position précédente. Dans cette mêlée, je perdis deux officiers du 144ᵉ et beaucoup de soldats. J'eus mon cheval traversé d'une balle, le brave officier polonais eut aussi la cuisse percée d'une balle. Je fis prisonnier un officier et deux soldats autrichiens; ce fut d'eux que j'appris que j'avais affaire à sept bataillons autrichiens commandés par Barclay de Tolly, que leur intention était de forcer le pont de Dienville pour agir ensuite sur les derrières de notre armée qui tenait encore ferme dans la plaine de La Rothière.

Après avoir rétabli mes tirailleurs aux abords du pont, je disposai le reste de ma troupe sous les ordres du bon et de l'excellent colonel d'Albignac dans les deux rues aboutissantes, de manière qu'adossé aux maisons, il pouvait par un simple à gauche se former en colonne et marcher au secours du pont; on m'envoya un régiment d'infanterie légère pour me reformer, et la brigade de Fournier se plaça en réserve. Pour moi, je restai avec mes tirailleurs, veillant à ce qui se passait sur le pont et à prévenir les attaques que l'ennemi pourrait tenter; un aide de camp du général Gérard vint, au nom de l'Empereur, m'ordonner de tenir ferme et m'offrir du secours en me disant que je répondais du poste qui m'était confié. Je refusai tout surcroît d'hommes qui n'auraient fait que m'embarrasser par la position du terrain. J'étais toujours sur le qui-vive, connaissant la force de l'ennemi et ses intentions. Je m'attendais à chaque moment à une attaque sérieuse. Je m'aperçus que le feu cessait sur la rive gauche. Je fis cesser celui de mes tirailleurs et je m'avançai seul sur le pont, longeant le parapet et allant courbé et à pas de loup; la nuit était des plus noires, il pouvait être 9 heures du soir. Mais à peine étais-je au tiers du pont, que deux coups de fusil partis en face de moi me firent voir distinctement une colonne d'Autrichiens qui descendaient le pont l'arme au bras. Je revins précipitamment à mes tirailleurs; j'ordonnai de faire feu et bientôt cette colonne d'Autrichiens recula sans être venue jusqu'à nous. Il y eut ainsi plusieurs attaques aussi infructueuses de la part de l'ennemi. Je fis transporter tous les bancs de l'église sur le milieu du pont et en les entrelaçant j'espérais me faire un obstacle. Je plaçai des tirailleurs dans le clocher, dans la maison du curé qui était proche et je multipliai autant que je pus nos moyens de défense. L'ennemi fit arriver quatre pièces d'artillerie qu'il établit sur la hauteur qui domine le pont; il les fit jouer mais sans beaucoup d'effet. Seulement, il parvint à mettre le feu au village de Dienville, et les maisons qui nous environnaient étaient toutes embrasées. Nous ne bougeâmes pas, et, au milieu de l'incendie, nous gardâmes notre position. L'ennemi eut l'adresse de diriger un obus juste dans le clocher où j'avais des tirailleurs, il éclata et toutes les croisées furent en même temps illuminées; il n'y eut personne de tué. L'ennemi, fier de son adresse, cria vivat et se mit à battre des mains. Cependant, le temps s'écoulait, nos troupes qui s'étaient si bravement défendues, dans les plaines de La Rothière étaient en retraite; toute l'armée, tous les parcs s'écoulaient sur Brienne. Nous tenions toujours; nous déjouâmes les projets de l'ennemi, qui ne put venir à bout de passer le pont. Mais le feu s'étant soutenu constamment, la place était jonchée de morts; enfin, l'armée ayant achevé sa retraite, je reçus, à 11 heures du soir, l'ordre du général Gérard de me retirer moi-même. Son but fut complétement rempli. Je rejoignis le général Ricard à Brienne-la-Ville, j'y reçus ses compliments et nous passâmes ensemble le reste de la nuit.

ÉTATS DE SERVICES
DES COLONELS DU 144ᵉ D'INFANTERIE

Colonel BOUDIN de ROVILLE (François-Louis-Baron)

A commandé le 144ᵉ d'infanterie du 25 janvier au 25 décembre 1813.

Né le 21 décembre 1772, à Avallon (Yonne).

Soldat au 14ᵉ régiment de chasseurs à cheval, 26 mars 1794; campagnes de 1794-1795-1796 aux armées des Pyrénées-Orientales et de la Vendée.

Sous-lieutenant aide de camp du général Gilot, 31 juillet 1796.

Lieutenant, 31 juillet 1797.

Capitaine, 1ᵉʳ février 1799; adjoint à l'état-major du 4ᵉ corps de la Grande Armée, 22 octobre 1805; campagnes de 1805-1806-1807 à la Grande Armée; aide de camp du général de Saint-Hilaire, 24 novembre 1806; blessé à la bataille d'Eylau, 8 février 1807; chevalier de la Légion d'honneur, 14 mai 1807.

Chef de bataillon, 22 octobre 1808.

Major à l'état-major du 2ᵉ corps d'armée, 10 juin 1809; campagne d'Allemagne de 1809; blessé à la bataille de Wagram, 6 juillet 1809; officier de la Légion d'honneur, 30 juillet 1809; major du 2ᵉ ligne, 14 août 1809.

Colonel du 144ᵉ d'infanterie, 25 janvier 1813.

Campagne de 1813-1814, à la Grande Armée; blessé à la bataille de Lutzen, 2 mai 1813; commandeur de la Légion d'honneur, 10 août 1813; a eu un cheval tué par un boulet à Leipzig, 18 octobre 1813.

Général de brigade au 6ᵉ corps de la Grande Armée, 25 décembre 1813; blessé à la bataille de Montmirail, 11 février 1814; a eu un cheval tué par un boulet à Soissons, 5 mars 1814, et un autre à Paris, 30 mars 1814.

Chef d'état-major de la 1ʳᵉ division militaire, 7 avril 1814; commandant le département de l'Yonne, 24 mai 1814; chevalier de Saint-Louis, 16 janvier 1815; suspendu de ses fonctions, 21 mars 1815.

Chargé de l'organisation des gardes nationales dans la 14ᵉ division militaire, 31 mai 1815; commandant le département de l'Yonne, 15 novembre 1815, créé baron par ordonnance royale du 12 février 1817.

Commandant la 4ᵉ subdivision de la 18ᵉ division militaire, 21 avril 1820; commandeur de Saint-Louis, 1ᵉʳ mai 1821; grand-officier ds la Légion d'honneur, 23 mai 1825.

Disponible, 11 août 1830; retraité, 26 mars 1835.

Décédé à.....

Colonel RUELLE (Louis-Gabriel)

A commandé le 144ᵉ d'infanterie du 28 décembre 1813 au 15 juillet 1814.

Né le 19 octobre 1775, à Saint-Antoine (Isère).

Lieutenant au 2ᵉ bataillon de chasseurs de l'Isère, incorporé dans la 20ᵉ demi-brigade,

26 novembre 1792; campagnes de 1792, 1793, 1794, 1795, 1796, 1797, 1798, 1799 aux armées des Alpes et d'Italie.

Capitaine, 30 juin 1795; capitaine adjoint aux adjudants généraux, 30 juillet 1795; réformé, 18 octobre 1799.

Aide de camp du général Bonnaud, 3 novembre 1803; aide de camp du général Daumas, 15 avril 1806; à l'état-major du général Lamarque, 1er mai 1809; campagne de 1809 en Italie et en Allemagne; chevalier de la Légion d'honneur, 22 août 1809; aide de camp du général de Narbonne, 30 août 1809.

Chef de bataillon, 28 décembre 1810.

Adjudant commandant, 3 octobre 1812; campagnes de 1812, 1813, 1814, à la Grande Armée; a reçu plusieurs éclats d'obus à Leipzig, 18 octobre 1813; officier de la Légion d'honneur, 19 novembre 1813.

Chef d'état-major de la 5ᵉ division du 2ᵉ corps, 1er janvier 1813; commandant provisoire de la 1ʳ brigade de la 2ᵉ division de réserve de Paris, 13 février 1813; à l'état-major du 6ᵉ corps, 30 novembre 1813.

Colonel du 144ᵉ d'infanterie, 28 décembre 1813.

Mis à la suite du 35ᵉ de ligne, 8 décembre 1814; chevalier de Saint-Louis, 27 décembre 1814; à la suite du 8ᵉ de ligne, 28 mars 1815; campagne de 1815 en Belgique; mis en non-activité, par suite de licenciement, 19 septembre 1815; admis à la retraite, 15 janvier 1823.

Colonel du 47ᵉ de ligne, 22 août 1830; commandeur de la Légion d'honneur, 11 juin 1831; maréchal de camp, 11 octobre 1832; commandant le département de Vaucluse, 24 octobre 1832; commandant le département de la Meurthe, 15 septembre 1833; commandant le département de l'Orne, 19 avril 1834; commandant le département de l'Eure, 10 janvier 1835.

Placé dans le cadre de réserve, 15 août 1839; retraité, 12 avril 1848; grand-officier de la Légion d'honneur, 14 mars 1863.

Décédé à Saint-Germain-en-Laye (Seine-et-Oise), 21 janvier 1865.

Colonel CAILLIOT (Édouard)

**A commandé le 144ᵉ d'infanterie
du 10 octobre 1873 au 18 octobre 1879**

Né le 22 février 1833 à Strasbourg (Bas-Rhin).

A l'École spéciale militaire de Saint-Cyr : élève, 11 novembre 1851; caporal, 11 avril 1853; sorti le 36ᵉ sur 250.

Sous-lieutenant au 10ᵉ bataillon de chasseurs à pied, 1ᵉʳ octobre 1853. En Crimée (division de Salles; corps du siège) 6 décembre 1854. Au bataillon de chasseurs à pied de la garde impériale, 1ᵉʳ mars 1855.

Lieutenant au 17ᵉ bataillon de chasseurs à pied, 29 juin 1855. A la suite du combat du 18 juin, première attaque de Malakoff; cité à l'ordre de la 4ᵉ division du 2ᵉ corps pour sa conduite pour l'attaque de nuit du 24 au 25 août 1855. A commandé un détachement de 40 hommes volontaires du 17ᵉ bataillon, chargés de précéder la 4ᵉ division à l'assaut du Petit-Redan, le 8 septembre 1855, de reconnaître les fossés et de jeter des ponts sur ces fossés. (Le lieutenant du génie qui marchait avec ce détachement était le lieutenant Ferron, depuis général commandant le 18ᵉ corps d'armée.) Blessé le même jour d'un coup de feu au bras droit, d'un coup de baïonnette à la main droite et d'éclats d'obus aux deux jambes.

Chevalier de la Légion d'honneur, 14 septembre 1855.

A occupé Eupatoria de décembre 1855 à juin 1856.

Rentré en France, 13 juin 1856.

A suivi les cours de l'Ecole normale de tir de Vincennes, en 1857, et a reçu une mention honorable avec médaille d'or. (Sorti le 5ᵉ sur 150.)

Campagne d'Italie : Combats de Montebello et de Melegnano. Bataille de Solférino (du 27 avril au 8 août 1859).

Capitaine au 6ᵉ bataillon de chasseurs à pied : 30 mai 1860; au 3ᵉ régiment de tirailleurs algériens, le 14 février 1861 ; adjudant-major : 16 août 1862.

Colonnes expéditionnaires de Tebessa et du Sud (Touggourt et Ouargla). Colonnes des Babors (Petite-Kabylie) 1864-1865.

Passé au bataillon de tirailleurs algériens du Mexique (formé de deux compagnies de chacun des trois régiments de tirailleurs), 18 octobre 1865. Expédition du Mexique. Combats dans les Terres chaudes de Vera-Cruz.

Rentré en Algérie, 4 avril 1867.
Rentré en France, 10 juin 1869.
Chef de bataillon au 45ᵉ d'infanterie à Belfort, 12 mars 1870.
Campagne de 1870, 1ʳᵉ division (général Ducrot), 1ᵉʳ corps (maréchal de Mac-Mahon). Combat de Frœschwiller, 6 août 1870. Contusionné à la poitrine par une balle.
Lieutenant-colonel au 18ᵉ d'infanterie, 20 août 1870. Bataille de Sedan, 1ᵉʳ septembre 1870. Prisonnier de guerre à Dietz-sur-Lahn.
Rentré en France, au 18ᵉ d'infanterie, au camp de Saint-Médard, près Bordeaux, 30 mars 1871.

**Commandant le 144ᵉ d'infanterie
en formation à Bordeaux, 10 octobre 1873.
Colonel du 144ᵉ d'infanterie, 1ᵉʳ mai 1874.**

Officier d'académie : 12 septembre 1877.
Général de brigade : 18 octobre 1879.
Commandant la 3ᵉ brigade de chasseurs à cheval (2ᵉ division de cavalerie) à Lunéville.
Officier de la Légion d'honneur : 6 janvier 1881.
Envoyé en mission extraordinaire à Berlin, pour le mariage du petit-fils de l'empereur d'Allemagne (actuellement Guillaume II).
Commandant une brigade du corps expéditionnaire de Tunisie (général Forgemol de Bostquénard), 1ᵉʳ mai 1881, campagne en Kroumirie : commandant d'Aïn-Draham.
Rentré en France à la suppression de la subdivision d'Aïn-Draham ; en disponibilité, 1ᵉʳ février 1882.

Commandant la 22ᵉ brigade d'infanterie (11ᵉ division, 6ᵉ corps), à Troyes : 7 juillet 1882.

Gouverneur de la place d'Epinal : 11 novembre 1882.

Directeur de l'infanterie au ministère de la guerre : 12 mai 1885.

Général de division : 20 novembre 1885.

Commandant de la 10ᵉ division d'infanterie (5ᵉ corps) à Orléans : 15 janvier 1886.

Commandeur de la Légion d'honneur, 5 juillet 1888.

Président de la commission des armes à répétition.

Commandant du 10ᵉ corps d'armée à Rennes, 27 décembre 1889.

Inspecteur général de l'Ecole spéciale militaire, de l'Ecole militaire d'infanterie et du Prytanée militaire, de 1889 à 1893.

Grand officier de la Légion d'honneur, 5 juillet 1893.

Membre du Conseil supérieur de la guerre, 9 février 1895.

Désigné pour des missions spéciales, 18 avril 1895.

Passé au cadre de réserve, 22 février 1898.

Décorations étrangères.

Médaille de S. M. la Reine d'Angleterre (Crimée).

Médaille d'Italie (1859).

Médaille de la Valeur militaire de Sardaigne.

Médaille du Mexique.

Médaille coloniale (agrafe : Algérie et Tunisie).

Chevalier de l'ordre mexicain de Guadalupe.

Grand officier de l'Ordre de l'Aigle Rouge de Prusse.

Grand officier du Nichan-Iftickar de Tunis.

Colonel JOPPÉ (Philippe-Adolphe)

**A commandé le 144ᵉ d'infanterie
du 25 octobre 1879 au 10 octobre 1881.**

Né le 6 août 1821 à Châlons-sur-Marne (Marne).

Engagé volontaire au 7ᵉ hussards, 29 décembre 1841.

A l'Ecole spéciale militaire de Saint-Cyr : élève, 16 novembre 1842 ; caporal, 28 avril 1843 ; sergent, 28 juin 1843 ; sorti le 230ᵉ.

Au 19ᵉ d'infanterie légère : sous-lieutenant, 1ᵉʳ octobre 1844 ; lieutenant, 15 mai 1848.

En Algérie, du 25 avril 1845 au 2 juin 1848.

Au 13ᵉ d'infanterie légère : capitaine, 10 juillet 1854 ; adjudant-major, 12 octobre 1854.

Passé au 88ᵉ d'infanterie, 1ᵉʳ janvier 1855.

Campagne d'Italie, du 27 avril au 5 août 1859.

Chevalier de la Légion d'honneur, 13 août 1859 ; médaille d'Italie.

Chef de bataillon au 68ᵉ d'infanterie, 18 octobre 1865 ; au 2ᵉ régiment de grenadiers de la garde impériale, 15 novembre 1869.

Campagne contre l'Allemagne, du 21 juillet 1870 au 7 mars 1871; coup de feu au pied droit, plaie contuse à la partie supérieure du bras droit, coup de feu à la partie inférieure du bras droit qui a nécessité l'amputation, le 16 août 1870, à la bataille de Rezonville.

Officier de la Légion d'honneur, 5 septembre 1870.

Lieutenant-colonel hors cadres, 19 janvier 1871; au 87ᵉ d'infanterie, 12 novembre 1873; au Prytanée militaire, 6 octobre 1874.

Colonel commandant en second du Prytanée militaire, 15 février 1875; en non-activité pour suppression d'emploi, 23 octobre 1879.

**Commandant le 144ᵉ d'infanterie,
25 octobre 1879.**

Commandeur de la Légion d'honneur, 12 juillet 1880.

Admis à la retraite par décret du 30 septembre 1881.

Colonel BERNARD (Hippolyte)

**A commandé le 144ᵉ d'infanterie
du 27 octobre 1881 au 22 juillet 1888.**

Né le 9 août 1830 à Longwy (Moselle).

A l'Ecole spéciale militaire de Saint-Cyr : élève, 8 décembre 1848; caporal, 7 février 1850; sorti le 89ᵉ sur 317.

Sous-lieutenant au 17ᵉ d'infanterie légère, 1ᵉʳ octobre 1850; au 92ᵉ d'infanterie, 1ᵉʳ jan-

vier 1855; a suivi les cours de tir en 1853;
sorti 45ᵉ sur 110; en Crimée, du 2 septembre
au 12 octobre 1855.

Au 92ᵉ d'infanterie, lieutenant, 20 février
1856; capitaine, 29 décembre 1860; adjudant-
major, 11 octobre 1861.

En Algérie, du 1ᵉʳ septembre 1866 au 9 mai
1867: du 9 juillet 1867 au 28 novembre 1869;
du 28 janvier 1870 au 18 septembre 1870.

Major au 6ᵉ d'infanterie, 27 août 1870.

Campagne contre l'Allemagne, du 19 septembre 1870 au 7 mars 1871.

Chevalier de la Légion d'honneur, 27 juillet 1871.

Chef de bataillon au 33ᵉ d'infanterie de
marche, 27 septembre 1870.

Lieutenant-colonel au 3ᵉ zouaves de marche, 25 novembre 1870; interné en Suisse
du 2 février au 7 mars 1871; au 3ᵉ zouaves,
4 avril 1871.

En Algérie, du 1ᵉʳ avril au 29 décembre 1871.

Remis chef de bataillon au 41ᵉ d'infanterie,
par décision de la commission de revision
des grades, 12 décembre 1871.

Lieutenant-colonel au 88ᵉ d'infanterie, 15
février 1875.

Officier d'académie, 13 octobre 1878.

Colonel du 94ᵉ d'infanterie, 24 février 1880.

**Commandant le 144ᵉ d'infanterie
(27 octobre 1881).**

Officier de la Légion d'honneur, 7 juillet
1884.

Général de brigade, commandant la 62ᵉ
brigade d'infanterie, 7 juillet 1888.

Colonel MIGNOT (Marie-Edouard)

**A commandé le 144e d'infanterie
du 9 juillet 1888 au 1er mai 1893.**

Né le 14 avril 1833 à Montfort-l'Amaury (Seine-et-Oise).

A l'Ecole spéciale militaire de Saint-Cyr : élève, 9 novembre 1852; caporal, 16 octobre 1853; élève, 13 avril 1854; sorti le 114e.

Sous-lieutenant au 21e d'infanterie, 1er octobre 1854; au 20e bataillon de chasseurs à pied, 15 octobre 1854.

Lieutenant au 4e bataillon de chasseurs à pied, 27 mars 1858.

Capitaine au 3e bataillon de chasseurs à pied, 17 juillet 1867.

Campagne contre l'Allemagne du 18 juillet 1870 au 10 avril 1871. A reçu une forte contusion à la partie postérieure et moyenne de la jambe gauche, le 16 août 1870 à Rézonville; des éclats d'obus à la région moyenne du front et à la partie moyenne et postérieure de la tête et une contusion au dos par suite de la chute de pierres, le 18 août 1870 à Gravelotte. En captivité, du 29 octobre 1870 au 10 avril 1871.

Chevalier de la Légion d'honneur, 5 septembre 1870.

Chef de bataillon au 11e d'infanterie, 12 novembre 1875; au 1er bataillon de chasseurs à pied, 13 décembre 1877; au 2e de zouaves, 6 novembre 1879.

En Algérie, du 1er janvier 1880 au 19 janvier 1885. A fait partie des colonnes appelées à réprimer des mouvements insurrectionnels en Algérie, du 22 juillet 1881 au 28 mai 1882.

Au corps expéditionnaire du Tonkin, du 20 janvier 1885 au 25 juin 1886. Médaille du Tonkin.

Lieutenant-colonel au 144ᵉ d'infanterie, 13 mai 1885; colonel du 144ᵉ d'infanterie, 9 juillet 1888.

Officier de la Légion d'honneur, 4 mai 1889. Admis à la retraite par décret du 14 avril 1893.

Colonel de GEYER d'ORTH (Paul)

A commandé le 144ᵉ d'infanterie du 19 avril 1893 au 3 novembre 1897.

Né le 12 mai 1841 à Montmédy (Meuse).

Elève à l'école spéciale militaire de Saint-Cyr : 12 novembre 1861 ; sorti le 135ᵉ sur 300.

Au 86ᵉ d'infanterie : sous-lieutenant, 1ᵉʳ octobre 1863 ; lieutenant, 10 août 1868, capitaine, 15 octobre 1870.

Campagne contre l'Allemagne, du 20 juillet 1870 au 7 mars 1871. Combats de Bois-les-Dames et Beaumont, les 29 et 30 août 1870. Blessé d'un coup de feu qui a traversé les deux fesses, et d'une balle morte qui a produit une contusion au genou droit, le 30 août 1870, au combat de Beaumont. Combats de Josnes, Ardenay et Le Mans, de décembre 1870 à janvier 1871. Campagne à l'intérieur ; siège de Paris, du 1ᵉʳ avril au 28 mai

1871 ; cité à l'ordre n° 11 de l'armée de Paris (1er corps, 1re division, 1re brigade), le 26 avril 1871, pour s'être particulièrement distingué, du 20 au 24 avril, et à l'ordre n° 28 de l'armée, le 5 juin 1871, pour s'être particulièrement distingué, du 22 au 28 mai, au siège de Paris.

Chevalier de la Légion d'honneur, 26 avril 1871.

Passé au 48e d'infanterie de marche, 2 novembre 1870 ; au 48e d'infanterie, 1er octobre 1871. A obtenu une lettre d'éloges pour travail de revision de la carte de France en 1877.

Chef de bataillon au 61e d'infanterie, 26 octobre 1879.

Lieutenant-colonel au 116e d'infanterie, 26 décembre 1889.

Colonel du 61e d'infanterie, 22 mars 1893.

Commandant le 144e d'infanterie, 19 avril 1893.

Officier de la Légion d'honneur, 30 décembre 1895.

Général de brigade, 19 octobre 1897.

Décorations étrangères.

Commandeur de 2e classe de l'ordre de l'Epée de Suède, 19 janvier 1897.

Colonel QUÉVILLON (Léon-Fernand)

A commandé le 144ᵉ d'infanterie du 10 novembre 1897 au...

Né le 24 octobre 1847 à Orléans (Loiret).

A l'Ecole spéciale militaire de Saint-Cyr : élève, 15 octobre 1867; élève de 1ʳᵉ classe, 1ᵉʳ avril 1868; sergent, 1ᵉʳ juillet 1868; sorti le 24ᵉ sur 265.

Sous-lieutenant au 93ᵉ d'infanterie, 1ᵉʳ octobre 1869; au 83ᵉ d'infanterie, 1ᵉʳ novembre 1869; à l'Ecole d'application d'état-major, 1ᵉʳ janvier 1870.

Campagne contre l'Allemagne, du 30 août 1870 au 7 mars 1871; à l'état-major de la 3ᵉ division de gardes mobiles (général Berthaut), 9 septembre 1870; à l'état-major de la 3ᵉ division d'infanterie (armée Ducrot), 9 octobre 1870.

Lieutenant d'état-major : 1ᵉʳ novembre 1870; bataille de Villiers-Champigny, 30 novembre, 1ᵉʳ, 2, 3 décembre 1870. A eu un cheval tué sous lui à Villiers, 30 novembre 1870. Chevalier de la Légion d'honneur, 8 décembre 1870; à l'état-major général du 1ᵉʳ corps d'armée (armée Ducrot), 11 décembre 1870; bataille du Bourget, 21 décembre 1870; bataille de Buzenval, 19 janvier 1871.

Campagne à l'intérieur, du 18 mars au 7 juin 1871; siège de Paris; à l'état-major de la 1ʳᵉ division.

A l'Ecole d'application d'état-major, du 8

juillet 1871 au 31 décembre 1872; sorti le 13ᵉ sur 30.

Au 7ᵉ de cuirassiers (1ᵉʳ escadron) à Niort, 1ᵉʳ janvier 1873; capitaine d'état-major, 26 avril 1874; cité au *Journal militaire officiel* pour travail d'étude, 21 octobre 1874.

Au 1ᵉʳ de tirailleurs algériens (1ᵉʳ bataillon, 4ᵉ compagnie) à Blidah-Laghouat, 3 février 1875.

Au 20ᵉ d'artillerie (7ᵉ batterie) à Poitiers, 15 février 1877; cité au *Journal militaire officiel* pour travail d'étude, 27 septembre 1877.

A l'état-major de la 24ᵉ division d'infanterie à Périgueux, 26 février 1878. Passé dans l'infanterie et maintenu hors cadre dans le service d'état-major, 24 mars 1880.

A l'état-major de la 33ᵉ division d'infanterie à Montauban, 5 janvier 1881; chef d'état-major de la division, 21 août 1882; a pris part à un raid de cavalerie dirigé par le général Warnet, 3, 4 mai 1882.

A l'état-major général du 17ᵉ corps d'armée à Toulouse, 21 mars 1883.

Au 143ᵉ d'infanterie à Albi, 25 février 1884; au 126ᵉ d'infanterie (4ᵉ bataillon, 1ʳᵉ compagnie), à Toulouse, 13 mars 1884; à la direction d'artillerie de Toulouse, 1ᵉʳ janvier 1885.

Chef de bataillon au 119ᵉ d'infanterie au Havre, à Eu, Paris, Lisieux, 29 mars 1885; voyage d'état-major d'armée en 1885; membre du comité d'organisation des congrès de 1889; officier d'académie, 13 juillet 1890; membre de la commission des examens de sortie à l'Ecole spéciale militaire en 1890, 1891, 1892 et 1893.

Lieutenant-colonel au 3ᵉ d'infanterie à Aix-en-Provence, 2 octobre 1893; secrétaire du comité technique d'état-major et de la commission supérieure de classement, 22 janvier 1894; membre de la commission des examens d'admission et de sortie à l'Ecole supérieure de guerre en 1894, 1895, 1896 et 1897; officier de la Légion d'honneur, 18 septembre 1895; voyages d'état-major d'armée en 1896 et 1897; officier de l'instruction publique, 16 janvier 1897.

Colonel, 9 mars 1897.

Commandant le 144ᵉ d'infanterie, 10 novembre 1897.

Colonel LAURENT-CHIRLONCHON.

M. le colonel breveté d'infanterie Laurent-Chirlonchon (Maurice-Antoine-Alexandre-Aimé-Law-Saint-Clair), est né le 29 août 1852 à Mende (Lozère); son père était sous-intendant militaire.

Elève à l'Ecole spéciale militaire le 2 février 1872, M. Laurent-Chirlonchon reçut les galons de brigadier le 19 novembre suivant et fut nommé sous-lieutenant au 6ᵉ régiment de dragons le 1ᵉʳ octobre 1873, après avoir été classé, aux examens de sortie, avec le numéro 52 sur 159. Il suivit les cours de l'Ecole d'application d'état-major pendant les années 1874-1875 et devint lieutenant au corps d'état-major le 31 décembre 1875.

M. Laurent-Chirlonchon fit ses stages réglementaires au 10ᵉ régiment de cuirassiers, au 122ᵉ d'infanterie (février 1878) et au 38ᵉ régiment d'artillerie (février 1880).

Lors de la promulgation de la loi du mois de mars 1880 sur le service d'état-major, il passa au 12ᵉ d'infanterie (26 avril 1880) et fut promu capitaine au titre de ce dernier régiment le 10 juin 1880.

En 1881, cet officier suivit les cours de l'Ecole normale de tir, d'où il sortit avec le n° 1. La même année, le 15 octobre, on le désigna pour occuper le poste de professeur

adjoint de géographie à l'Ecole spéciale mi
litaire. Quatre ans plus tard, il prit le com
mandement d'une compagnie du 85ᵉ régi
ment d'infanterie.

Le 24 mars 1887, le capitaine Laurent-
Chirlonchon exerça les fonctions d'officie
d'ordonnance du général Logerot qui commandait alors le 8ᵉ corps d'armée.

Quand cet officier général accepta le porte
feuille de la guerre (12 décembre 1887), sor
officier d'ordonnance le suivit à l'hôtel de l
rue Saint-Dominique. Détaché au 2ᵉ bureau
de l'état-major général, du 30 mars au 1
juin 1888, M. Laurent-Chirlonchon retourna
près du général Logerot qui venait de prendre le commandement du 7ᵉ corps d'armée e
resta auprès de cet officier général jusqu'à
son passage dans le cadre de réserve.

Maintenu comme officier d'ordonnance auprès du général de Négrier qui succéda au
général Logerot, M. Laurent-Chirlonchon
alla de Besançon à Bastia occuper le poste de
chef d'état-major du général Couston, commandant supérieur de la défense et gouverneur de la Corse. On le maintint dans cette
position avec le grade de chef de bataillon
le 2 octobre 1891. Au mois d'avril 1892, cet
officier supérieur occupa un emploi de son
grade au 110ᵉ d'infanterie et, le 26 décembre
1893, on lui confia le commandement du 16ᵉ
bataillon de chasseurs à pied. C'est dans
cette position qu'il reçut, à Lille, la croix de
chevalier de la Légion d'honneur (décret du
26 décembre 1894.)

Lieutenant-colonel au 4ᵉ régiment de zou

ves le 26 décembre 1898, M. Laurent-Chirlonchon fut détaché de Tunis en 1900 au régiment de marche de zouaves du corps expéditionnaire de Chine (brigade du général Bailloud.) Il dirigea les opérations de la colonne du nord-est, et livra le combat de Pan-Kiun ; il reçut des félicitations par la voie de l'ordre du corps expéditionnaire. Revenu en Tunisie en 1901, il y resta jusqu'en 1904 et fut affecté au 112ᵉ d'infanterie. Par décret du 26 septembre dernier, il vient d'être nommé colonel du 144ᵉ régiment d'infanterie.

M. le colonel Laurent-Chirlonchon porte la médaille commémorative de l'expédition de Chine, les croix de commandeur du Nicham Iftikhar et du Dragon d'Annam.

Paris et Limoges, imp. milit. H. CHARLES-LAVAUZELLE.

176